教科の本質から迫る
コンピテンシー・ベイスの授業づくり

奈須正裕・江間史明

鶴田清司・齊藤一弥・丹沢哲郎・池田　真

図書文化

まえがき

　学習指導要領の各教科等が「内容」（コンテンツ：content）を中心に構成されてきたのを典型として，日本の学校教育は長年にわたり領域固有知識を基盤に，コンテンツ・ベイスで計画・実施されてきた。これに対し近年，PISAに象徴されるように，領域や対象を超えて機能する汎用性の高い「資質・能力」（コンピテンシー：competency）を軸として，いわばコンピテンシー・ベイスで教育を編み直せないかとの模索が全世界的な規模で活況を呈している。

　我が国でも，2012年に「育成すべき資質・能力を踏まえた教育目標・内容と評価の在り方に関する検討会」が文部科学省内に設置され，2014年3月にはその「論点整理」において，以下のような3層構造の学力論が提唱された。

　ア）教科等を横断する汎用的なスキル（コンピテンシー）等に関わるもの
　イ）教科等の本質に関わるもの（教科等ならではの見方・考え方など）
　ウ）教科等に固有の知識や個別スキルに関するもの

　歴史的に見ても，ア）のコンピテンシーとウ）のコンテンツは「あれかこれか」という対立図式で議論されがちで，仮に両方の重要さを認める場合にも，まずはコンテンツの指導を行い，それとは別途，コンピテンシー育成の時間を設けるといったカリキュラムが構想・実施されることが少なくなかった。

　これに対し上記の3層構造では，「教科等の本質」をいわば仲立ちとすることで，二元論的に陥りがちなコンピテンシーとコンテンツを有機的に統合し，調和的に実現する教育が明確にイメージされている。

　本書は，この画期的とも言えるアイデアの理論的・実践的な可能性を，さらに5つの教科に即して探究したものである。具体的には，教科の本質という古典的とも言える主題を，コンピテンシー・ベイスの教育という今日的視座から改めて検討し直すことを通して，以下の3つの課題の達成が目指された。

　①各教科の現在地を確認すると共に，今後向かうべき方向性と課題を明らかにすることにより，各教科教育並びに授業づくりの未来像を試論的に描く。
　②各教科の教育実践において，いかにすればコンテンツや教科の本質と調和

した形でのコンピテンシーの育成に迫ることができるのか，その可能性を各教科の特質を踏まえて多角的に考究し，現実的且つ斬新な提案を試みる。

③各教科間での率直な対話を通して，資質・能力育成を中心に据えたカリキュラム編成と授業づくりの「青写真」を描くと共に，各教科の独自性と普遍性に関する，より本格的な議論に向けての暫定的見通しを得る。

そのために，まず1章に当たる総論的な原稿をたたき台として，2015年3月30日に著者全員で協働討議（2章）を行い，問題意識を共有した。次に，5名の著者が，それぞれが専門とする教科の教育を巡って，3章から7章に当たる原稿を執筆した。最後に，同年8月に奈須が5名の著者のもとを訪問し，執筆を通して改めて見えてきたこと，残された課題，今後に備えて取り組むべきことなどについて意見交換を行い，補論として各章の末尾に収録した。

2015年8月，次期学習指導要領について検討を進めてきた「中央教育審議会教育課程企画特別部会」は「論点整理」を公表し，「育成すべき資質・能力」が今後の学校教育における中核的な概念であることを確認すると共に，その育成に際して「教科等の本質的意義」が決定的な役割を果たすとの考え方を示した。

すなわち，「思考力・判断力・表現力等や情意・態度等は，各教科等の文脈の中で指導される内容事項と関連付けられながら育まれていく」のであり，「育成すべき資質・能力と学習指導要領等との構造を整理するには，学習指導要領を構成する各教科等をなぜ学ぶのか，それを通じてどういった力が身に付くのかという，教科等の本質的な意義に立ち返って検討する必要がある」（いずれも「論点整理」p.15）。これらの記述は，先の「育成すべき資質・能力を踏まえた教育目標・内容と評価の在り方に関する検討会」が見出したアイデアを継承し，教科等の本質を重要な拠り所として，すべての子どもにコンテンツとコンピテンシーの調和的実現を目指すことを宣言したものと解釈しうる。

コンピテンシー・ベイスの教育への取り組みは，教科が本来そのうちにたたえている面白さを，新たな角度から豊かに発見させてくれるであろう。

編者者を代表して　奈須正裕

もくじ

まえがき 2

第Ⅰ部 教科の本質から迫るコンピテンシー・ベイスの授業づくり

第1章 総論　コンピテンシー・ベイスの教育と教科の本質 ——8

奈須正裕
1. なぜ今，コンピテンシー・ベイスの教育なのか
2. コンピテンシー・ベイスのカリキュラムと教科の本質
3. コンピテンシー・ベイスの教育方法

第2章 協働討議　コンテンツ，教科の本質，コンピテンシーが調和する教育をめざして ——35

奈須正裕 × 鶴田清司 × 江間史明 × 齊藤一弥 × 丹沢哲郎 × 池田　真
1. 教科の本質とコンピテンシーの関係
2. 各教科の多様性が豊かなコンピテンシーの形成を促す
3. コンピテンシー・ベイスにおけるコンテンツの質
4. 本物のプロセスを垣間見せる授業へ
5. 真に汎用的な能力は具体的な学びでこそ培われる
6. 時代を超越した本質的にして挑戦的なモチーフ

第Ⅱ部 各教科の本質とコンピテンシー・ベイスの授業づくり

第3章 国語科　「根拠・理由・主張の3点セット」で論理的思考力・表現力を育てる ——58

鶴田清司
1. 基本的な立場——コンピテンシー・ベイスとコンテンツ・ベイス
2. 国語科におけるコンピテンシー・ベイスの教育
3. コンピテンシー・ベイスの国語科授業づくり

第4章 社会科　多角的な見方・公正・民主主義 ——— 82

江間史明
1. はじめに
2. コンピテンシー・ベイスによる授業の構想
3. 「教科の本質」という次元を位置づける意味
4. 社会科の本質たる見方考え方の構想

第5章 算数・数学科　算数・数学という文化を丁寧に受け継ぐ ——— 107

齊藤一弥
1. 算数・数学を学ぶことの価値を問う
2. 算数・数学の授業ではぐくむ資質・能力
3. 算数・数学で期待される資質・能力をはぐくむ文脈
4. 算数・数学の授業に期待されていること

第6章 理科　科学的探究の理解とそれを用いる能力 ——— 132

丹沢哲郎
1. はじめに
2. アメリカにおける科学的リテラシー論の変遷
3. コンピテンシーと理科の本質
4. 理科の本質とコンピテンシー育成をつなぐ授業
5. おわりに

第7章 英語科　語学能力の育成から汎用能力の育成へ ——— 157

池田　真
1. はじめに
2. 英語科の現在——内容と方法
3. 英語科の本質——固有性と不可欠性
4. 英語科のこれから——新しい学力観と教育法
5. まとめ——あらためて「英語科の本質」とは

あとがき　182
著者一覧　183

第Ⅰ部

教科の本質から迫る
コンピテンシー・ベイスの
授業づくり

第1章
コンピテンシー・ベイスの教育と教科の本質

奈須正裕

1 なぜ今,コンピテンシー・ベイスの教育なのか

(1)「資質・能力の育成」が意味するもの

　学習指導要領が「内容」(コンテンツ：content)を中心に構成されてきたのを典型として,日本の教育は長年に渡り領域特殊的な知識・技能(領域固有知識)を基盤に,コンテンツ・ベイスで実施されてきた。これに対し近年,領域を超えて機能する汎用性の高い「資質・能力」(コンピテンシー：competency)を軸に,コンピテンシー・ベイスでカリキュラムと授業を編み直せないかとの模索が世界的に活況を呈している。

　それは,教育に関する主要な問いを「何を知っているか」から「どのような問題解決を現に成し遂げるか」へと転換する。そして,学校教育の守備範囲を知識・技能の習得に留めることなく,それらを初めて出合う問題場面で効果的に活用する思考力・判断力・表現力など汎用性のある認知スキルにまで高め,さらに粘り強く問題解決に取り組む意欲や自己調整能力,直面する対人関係的困難を乗り越える社会スキルの育成にまで拡充すること,すなわち学力論の大幅な拡張と刷新を否応なしに求める。

　まず,1997年から2003年にかけてOECDのDeSeCoプロジェクトがキー・コンピテンシーを提起し,PISAを始めとする国際学力調査に導入された。一方,EUはキー・コンピテンシーを独自に定義し,EU域内における教育政策の共通的基本枠組みとする。また,北米では「21世紀型スキル」という名称の下,

主に評価を巡って検討が行われ，その成果は後に PISA にも反映された。このような動向はイギリス，オーストラリア，ニュージーランドなどにも影響を及ぼし，独自に定義されたコンピテンシーに基づくカリキュラム整備が進められている。

　我が国に目を転じると，1996 年に提起された「生きる力」もコンピテンシーとする見方もあるが，「次期学習指導要領に向けての基礎的な資料を得ること」を明記して本格的検討を進めたのは，2012 年発足の「育成すべき資質・能力を踏まえた教育目標・内容と評価の在り方に関する検討会」であろう。検討会は 2014 年 3 月の「論点整理」において「学習指導要領に定められている各教科等の教育目標・内容を以下の 3 つの視点で分析した上で，学習指導要領の構造の中で適切に位置付け直したり，その意義を明確に示したりすることについて検討すべき」とした。

ア）教科等を横断する汎用的なスキル（コンピテンシー）等に関わるもの
　①汎用的なスキル等としては，例えば，問題解決，論理的思考，コミュニケーション，意欲など
　②メタ認知（自己調整や内省，批判的思考等を可能にするもの）
イ）教科等の本質に関わるもの（教科等ならではの見方・考え方など）
ウ）教科等に固有の知識や個別スキルに関するもの

　さらに，2014 年 11 月 20 日，文部科学大臣より中央教育審議会に「初等中等教育における教育課程の基準等の在り方について」諮問がなされたが，別添の「理由」に頻出する「資質・能力の育成」の文字は，先の検討会の議論等を踏まえ，我が国もまたコンピテンシー・ベイスの教育へと大きく舵を切ることを予感させるものと言えよう。

(2) コンピテンシー概念の誕生と変転

①ホワイトによるコンピテンス概念の提起

　コンピテンシーは，ハーバード大学で動機づけを研究していた心理学者のロバート・ホワイト（White, 1959, 1963）が，1959 年に提起したコンピテンス

（competence）概念をそのルーツに持っている。コンピテンシーとコンピテンスは，用語として基本的に同義と見なして特に問題はない。1970年代まではコンピテンスが用いられることが多かったが，キー・コンピテンシーを始めとして，現在ではコンピテンシーの方が一般的である。

　ホワイトは乳幼児の観察などから，人間は生まれながらにして環境内のひと・もの・ことに能動的に関わろうとする傾向性を有しており，この傾向性がもたらす環境との相互作用を通して，次第にそれぞれの対象に適合した関わりの能力を獲得していくと論じた。そして，これと心理学的に同型と見なしうる現象が，乳幼児期に限らず，精神的に健康な人間の一生涯に渡って多種多様に見られるとし，これをコンピテンスと名付けた。

　その背景には，ピアジェ以来の学習に関する発達心理学的な見方が存在していると解釈しうる。たとえば，飴玉を見つけた赤ちゃんは，それを口に入れる。飴玉だと知っているから口に入れるのではない。赤ちゃんは口に入れるのと手でつかむくらいしか，対象に対する関わり方，シェマ（schema）を持ち合わせていないのである。しかし，口に入れるというシェマは，こと飴玉に対しては食べ物であるという本質的理解をもたらす適切な関わり方であり，赤ちゃんは甘さを享受しながら飴玉の同化（assimilation）に成功する。

　別な日，赤ちゃんはビー玉を見つける。飴玉と同様に丸く光るものであるから迷わず口に入れるが，今度は同化できずに吐き出す。ビー玉を同化するには，ビー玉という対象からの要求に突き動かされる形で，つかんだ手のなめらかな動作によりそれを転がせるようになる必要がある。これをシェマの調節（accommodation）と言う。

　このように，シェマによる対象の同化と，対象の要求に根差したシェマの調節を繰り返すことで，赤ちゃんは徐々に身の回りの事物・現象に関する個別的理解を深めていくと同時に，さまざまな環境に対してより効果的な関わり方を獲得・洗練・拡充させていくが，これこそが学習の原初的形態である。

　ホワイトにおいて，コンピテンスには2つの意味合いが込められていた。それは，まずもって環境内のひと・もの・ことに能動的に関わろうとする生得的

な動機づけ的エネルギー要因であり,さらにそこから生まれるひと・もの・ことと効果的に関われるという関係的で認知的な能力である。興味深いのは,そこでは「知る」とは単に名前を知っているとか概念を理解していることではなく,対象の特質に応じた適切な「関わり」が現に「できる」こと,さらに個別具体的対象について「知る」ことを通して,汎用性のある「関わり方」が感得され,洗練されていくことが含意されている点であろう。すなわち,「知る」ことを駆動するエネルギー要因から,「知る」営みのメカニズムや,それを通して結果的に獲得される汎用的な資質・能力までをも包摂した概念として,コンピテンスは提起された。まさに「どのような問題解決を現に成し遂げるか」を問う概念として,コンピテンスは誕生したのである。

・・・・・・・・・・・ ②非認知的能力が社会的成功に果たす役割 ・・・・・・・・・・・

このようなホワイトの提案に注目しつつも,これを今日広く使われている意味へと転化したのは,やはりハーバード大学の動機づけ心理学者であったマクレランドである。

彼は1970年代に,領域固有知識の所有を問う伝統的なテストや学校の成績,資格証明書の類いが,およそ職務上の業績や人生における成功を予測し得ないことを豊富な事例で論証した(McClelland, 1973)。たとえば,国務省は海外で働く外務情報職員(任地で図書館を運営したり文化的催しを企画する)の人事選考を,経済学や行政学などの専門教養,語学,一般教養などのテスト結果,つまりコンテンツ・テストの成績によって行っていた。ところが,それらのスコアと任地での仕事ぶりや業績との間には,ほとんど相関が認められなかった。コンテンツ・ベイスの教育がもたらす要素的知識の単なる所有は,およそ質の高い問題解決の十分条件ではなかったのである。

では,何が職務上の業績を予測するのか。この探究に際してマクレランドは,卓越した仕事ぶりを示す職員と凡庸な業績しか挙げられない職員を国務省に選んでもらうとともに,職員に詳細な面接を行った。その結果,以下の3つが,卓越した職員を凡庸な職員から区別する要因として見出された(McClelland,

1993)。
① 異文化対応の対人関係感受性：異文化に属する人たちが語り，意味することの真意を聴き取る能力，彼らがどう対応するかを予測する能力。
② 他の人たちに前向きの期待を抱く：敵対する人も含め，すべての他者の基本的な尊厳と価値を認める強い信念，さらにストレス下でもこの前向きの信念を保ち続ける能力。
③ 政治的ネットワークをすばやく学ぶ：そのコミュニティにおいて誰が誰に影響を及ぼしており，各人の政治的，権力的立場がどのようなものかをすばやく察知する能力。

これらは大学教育まで含めて，およそ学校で育成されるもののリストには含まれてこなかったか，少なくとも中核的ではなかっただろう。しかし，実際の仕事ぶりを左右したのはこれらの要因であり，マクレランドはこれらをコンピテンスと呼んだ。とりわけ，そこでは意欲や自己調整能力，社会スキルといった非認知的能力の重要性が強調される。ちなみに，『ＥＱ：こころの知能指数』の著者として知られるゴールマンもまた，マクレランドの共同研究者である。

マクレランドの発見は，当然の帰結として企業の人事管理や組織経営，さらに企業に人材を供給する高等教育機関のカリキュラムや評価のあり方に多大な影響を与えていく。そして，ついには初等中等教育にもその影響が及んできたというのが，近年の状況と言えなくもない。

･････ ③コンピテンシーを"育成する"のではなく，"顕在化を支援する" ･････

OECDのキー・コンピテンシーやアメリカの21世紀型スキルには，ややもすれば社会的効率主義，産業的マンパワー主義の色合いが濃厚で，その意味において人間の主体性や統一性を欠くのではないかとの批判がある（たとえば，安彦，2014）が，上記のマクレランドの研究のモチーフの中に，すでにそれに連なるものを見出すことは可能である。

しかし，そもそものコンピテンシー概念は，環境との間によりよい関係を取り結ぼうとする人間本来の傾向性に根ざした，すぐれて力動的でホリスティッ

クなものであった。何より，ホワイトは人間の一生涯にわたる学習や発達，自我形成を支える生得的で根源的なエネルギーとメカニズムに関わってコンピテンスという概念を提起した。実際，就学以前の子どもの学びはもっぱらコンピテンシーの拡充や洗練そのものである。そして，学校を離れた後の社会人としての現実的な問題解決やそこでの学びもまた，コンピテンシーの拡充・洗練を中心として展開するのではないだろうか。つまり，現状では学校に在籍する期間のみがコンテンツ・ベイスな学びを中心としており，それ以前とそれ以後の学びは大いにコンピテンシー・ベイスなのである。もし，学校教育もまたコンピテンシー・ベイスで実施されたなら，人間はその誕生から臨終の時まで一貫して1つの学びのみを突き通せばよいことになる。

しかも，コンピテンシーの萌芽自体はすべての子どもが生得的に所有しているのであるから「コンピテンシーを育成する」といった表現すら適切ではなく，「コンピテンシーの顕在化を支援する」「コンピテンシーの拡充・洗練を促すべく学習環境を整える」と言うべきなのかもしれない。このように考えるならば，コンピテンシー・ベイスの教育において教科を教えるとは，その教科の特性なり本質に照らして，その子のコンピテンシーがよりよく顕在化・拡充・洗練するよう支援することになるのだろうか。いずれにせよ，今こそ，現代的な状況を踏まえつつ，ホワイトがこの概念に込めた本来の意味合いを豊かに復権させることが求められていると言えよう。

(3) 転移への過剰な期待は誤りである

コンテンツ・ベイスの教育は，時に詰め込み教育などと批判されたが，何も子どもを「歩く百科事典」にしようとしたわけではない。教えた領域固有知識を学びの主体たる子どもが生涯に渡って自在に活用し，洗練された問題解決を成し遂げることにより，彼らの社会的成功，人間的成長，よりよい社会の創造に寄与すると考えたからこそ，できるだけ多くの知識を教えようとしたのである。つまり，コンテンツ・ベイスの教育が本来目指したのは，単なるコンテンツの教育などではなかった。

ところが，ここが肝心なのだが，するとコンテンツ・ベイスの教育は，その背後に無制限・無限定な転移（transfer）を暗黙裏に想定していたことになる。たとえば，数学は子どもに厳密な形式論理的操作を要求するが，そこで培われた論理性や思考力は図形や数量以外の，それこそ政治や経済のような社会事象の構造的理解や批判的思考にも礎を提供するであろう。このような説明が，数学を将来において直接的に必要としない文科系の高校生にも必修とする根拠としてしばしば持ち出されてきたが，この論理は大いなる転移が生じることをその前提としている。

　しかし，心理学は1970年代までに転移はそうそう簡単には起きないことを証明してしまったから，この前提はもろくも崩れ去る（奈須，2014）。少なくとも，何かしらの知識や技能を習得してさえいれば，それが有用な場面に出合うと常に自動的に発動され，問題解決なり学習を推進してくれるといったことは，およそ期待できない。転移が簡単には起きないという事実は，全国学力・学習状況調査におけるA問題とB問題の正答率の落差1つを考えても，明らかであろう。

　たとえば，図1-1の2つの設問は，いずれも平行四辺形の面積に関する知識を適切に用いれば正答に至る。授業で教わった通りの尋ねられ方をするA問

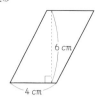

図1-1　A問題（左）とB問題（右）
（国立教育政策研究所　平成19年度 全国学力・学習状況調査小学校算数調査問題より。正答率：A問題 96％，B問題 18％）

題の正答率は96％と堅調である一方，同じ平行四辺形を地図の中に埋め込んだB問題では，正答率は一気に18％まで下落する。この程度の転移すら容易には生じないことに驚くかもしれないが，これこそが心理学が見出してきた人間の学習の事実である。

かくして，学校で学んだ知識を活用して生涯を自分らしく生き抜くには，「何を知っているか」を問うコンテンツ・ベイスの教育ではおよそ不十分と言わざるを得ない。ここに，教育を巡る主要な問いを「どのような問題解決を現に成し遂げるか」に転換してはどうかとの発想が生まれてくる。

以上見てきたように，コンピテンシー・ベイスの考え方は，非認知的能力が社会的成功に果たす役割への気付きと，転移への過剰にして楽観的な期待に対する反省という，学習と知識に関する2つの科学研究の系譜を背景に生まれてきた。もっとも，それは特段に難しいものでも，すっかり目新しいものでもない。なぜなら，それは子どもの学びの事実とメカニズムに丁寧に寄り添うということ以外の何ものでもないからである。

むしろ旧来のカリキュラム政策では，しばしばコンテンツの背後に存在する「親学問」の事情や都合の影響力が支配的であった。これに対しコンピテンシー・ベイスの立場では，子どもの学習と知識に関する客観的事実や科学的理論を共通基盤として作業を進めようと考える。今後，我が国もまた遅まきながらコンピテンシー・ベイスの教育へと舵を切るのだとしたら，それは日本の教育が学習と知識に関する科学的知見を拠り所とする方向へと一歩を踏み出すことをも意味するに違いない。そして，子どもの事実に適合した政策が結果的に奏功する，つまり質の高い学力をより少ないコストで，より多くの子どもたちに着実に実現するであろうこともまた，高い確度をもって予測しうるところと言えよう。

(4) 知識基盤社会の到来

①農業社会から産業社会へ

コンピテンシー・ベイスの考え方それ自体は，学習と知識に関する科学的研

究の中から生まれてきたが，今日におけるコンピテンシー・ベイスの教育の世界的活況の背後には，さらに社会的な要因が深く関わっている。それは，工業による物の生産を礎とした産業社会から，知識の創造と活用が駆動する知識基盤社会へという社会構造の世界史的一大転換である。

　18世紀イギリスに端を発する産業革命は，それまで永く続いてきた農業社会から産業社会への移行をもたらした。農業社会では，気まぐれな自然に翻弄される不安定な状況下での生産・労働を余儀なくされたが，だからこそ人々は身の周りで生じるすべての出来事に注意を払い，思慮深く考えを巡らせ，よりよいあり方を求めて常に工夫を怠らず，またお互いに協力して日々の生活や仕事の改善・創造にあたっていた。

　一方，産業社会は人為に基づく計画的で安定した生産・労働環境をもたらしたが，同時にもはや自分の才覚をかけての工夫を求められも認められもしないあり方へと，人々の精神を導く契機ともなった。産業社会は，それを可能とした産業機械のように，単純で定型的な労働を淡々と遂行できる能力と心性を人々に強く求めたのである。

　この農業社会から産業社会へという社会構造の変化と，それが子どもの教育環境に与えた影響について，ペスタロッチは教育小説『リーンハルトとゲルトルード』（1781〜1787年）の中で，登場人物に次のように語らせている。

　　「昔はすべてがずっと単純で，食べてゆくには百姓仕事だけでよかったのです。そうした暮らしでは，学校などいらなかったのです。百姓にとっては家畜小屋や籾打ち場や木や畑が本当の学校だったのです。そして彼の行くところ立ち止まるところ，至るところにたくさんの為すべきこと学ぶべきことがあって，いわば学校なんかなくても，立派な人間になれたのです。だが今の糸紡ぎの少年たちや，座業やその他，型にはまった仕事でパンをかせがねばならない人たちの場合には，事情はすっかり違っているのです。

　　　　　　　　　　　　　中略

　　貧しい木綿職人たちはどんなに収益が増え，どんなに保護を受けても，永久にその仕事からは腐敗した肉体と貧しい老齢の他に得るものは何もな

いでありましょう。そして領主様よ，腐敗した紡ぎ屋のおやじやおふくろが，そのせがれを，秩序のある，思慮深い生活者に育て上げるなどということは出来るはずもありませんから，結局残るところは，木綿紡ぎが続く限り，この人たちの家政の貧窮を続かせておくか，それとも学校で，こうした家の子どもたちに，その両親からはもう受けられなくなっているが，しかし絶対に必要欠くべからざるところのもの（生活による教育）を両親に替って与えるような施設をつくるか，2つに1つしかございません」

　ペスタロッチはこのように訴え，産業革命がもたらした劣悪な教育環境に対応するには，生活による教育に取り組む学校，すなわち生活学校の建設によって，農業社会が内包していた教育機能を取り戻すしかないとした。しかし，現実に生み出された学校は産業革命によって失われたものを回復する方向ではなく，産業革命がもたらした社会構造をさらに先へと加速的に拡大するような学校であった。

②産業社会の要請に応えて生まれた近代学校

　今日ごく普通に学校と呼び慣わしている教育機関は，単純で定型的な労働を淡々と遂行できる能力と心性という，まさに産業社会の新たな要請に応えるべく，近代というこの新たな時代のただ中に生まれてきたものに他ならない。そこでは，大人社会が定めた現状における「正解」の量的蓄積とその型通りの運用を徹底することが中心的課題となる。自らの意思で工夫や創造を試みたり，いわんや疑問を差し挟んだりすることは，時に疎んじられこそすれ，あまり歓迎されはしない。教師に質問を繰り返したが故にわずか3ヶ月で放校処分となったエジソンの逸話は，このような近代学校に独特な風土をよく象徴している。

　興味深いのは，社会的分業を唱え，資本主義経済社会の理論的基盤を生み出したとされる当のアダム・スミスもまた，この危険性に気付いていたことであろう。彼は『国富論』の第5編第1章において，次のように指摘している。

　「分業が進むとともに，労働で生活している人，つまり大部分の人の仕事

は，ごく少数の単純作業に限定されるようになり，1つか2つの単純作業を繰り返すだけになることも多い。そして，大部分の人はかならず，日常の仕事から知識を獲得している。ごく少数の単純作業だけで一生をすごし，しかも作業の結果はおそらく，いつも同じかほとんど変わらないのだから，難しい問題にぶつかることもなく，問題を解決するために理解力を活かしたり，工夫をこらしたりする機会はない。このような仕事をしていると，考え工夫する習慣を自然に失い，人間としてそれ以下になりえないほど，愚かになり無知になる。頭を使っていないので，知的な会話を楽しむことも，そうした会話に加わることもできなくなるだけでなく，寛大な感情，気高い感情，優しい感情をもてなくなり，私生活でぶつかるごく普通の義務についてすら，多くの場合に適切な判断をくだせなくなる」

経済学者としてのスミスは，社会的分業は必要であり有益だと考えたが，同時に倫理学者でもあった彼は，それが人々の精神にもたらしかねない危険性について誰よりも敏感であり，大きな懸念を抱いていた。残念ながらその懸念は，その後の二百年において，少なからず現実のものとなったと言っていいだろう。

・・・・・・・・・・・・ ③知識基盤社会に求められる教育とは ・・・・・・・・・

そして，今や社会構造は再び転換期を迎えている。知識基盤社会では，産業社会とは対照的に「正解」は存在せず，その状況における「最適解」をその都度自力で，あるいは多様な他者と協働して生み出すべく，知識を豊かに創造し活用する資質・能力がすべての人に求められる。

産業社会を牽引してきた製造業ですら，もはや基本性能の優秀さだけでは十分ではない。さらに他社や他国との差別化を図るべく，マーケットの潜在的要求をいち早く察知してはそれに具体的な形を与え，あるいは斬新な提案によりマーケット・ニーズを創出する必要がある。そこでは，知的イノベーションこそが富の源泉なのである。

さらに，今や私たちの目前には，環境問題，食糧問題，資源・エネルギー問題など，国境を超えての力強い連帯と賢明な調整を不可避とする，やはり「正

解」のない難問が山積している。もはや，世界の歴史は先進工業国家が産業革命以来続けてきた奔放で競争的な開発を許さない段階へと突入しており，持続可能な開発を新たな原理とする教育（ESD）への移行は避けがたい。そこでは，一人ひとりが自立した個人として，同じく自立した個人たる多様な他者と協働し，よりよい社会のあり方を不断に求め続ける中で新たな知識を生みだし，地球規模で流動する状況の変化に創造的に対応していく資質・能力の育成が求められよう。

このように，知識基盤社会の到来という不可逆的な世界史的潮流は，教育の原理をコンテンツ・ベイスからコンピテンシー・ベイスへと根こそぎで転換することを待ったなしで要請している。

もっとも，農業社会に生きる人々が一面において高度なコンピテンシーを所用していた可能性を勘案するならば，むしろ産業革命以降の方が特殊な時代であり，今再び，それが本来のあり方へと回帰しようとしているだけなのかもしれない。近代学校の終わりの始まりという地点に，今，私たちは立っている。もしかすると，はるか後世の人々が描く教育の歴史においては，「正解」の量的蓄積とその型通りの運用を「学力」と見なし，さらに教科ごとに分断した上でわずか数十分のテストで測っては，そのスコアが人生の行方から時には人間の価値までを左右するなどという愚挙の世界的蔓延が，永い人類史上，18世紀終盤から21世紀初頭にかけてのわずか二百数十年間にのみ存在した，と記されるかもしれない。多分にＳＦ的ではあるが，カリキュラムと授業の今後を展望するには，今やこのくらいのイマジネーションを携えることが不可欠になっていると考えたい。

❷ コンピテンシー・ベイスのカリキュラムと教科の本質

(1) 仲立ちとしての教科の本質

では，コンピテンシー・ベイスの教育を実現するには，カリキュラムと授業はどうあればよいか。その手がかりを得るべく，「論点整理」が提起した学力の3層構造を改めて詳しく見てみよう。

> ア）教科等を横断する汎用的なスキル（コンピテンシー）等に関わるもの
> 　①汎用的なスキル等としては，例えば，問題解決，論理的思考，コミュニケーション，意欲など
> 　②メタ認知（自己調整や内省，批判的思考等を可能にするもの）
> イ）教科等の本質に関わるもの（教科等ならではの見方・考え方など）
> ウ）教科等に固有の知識や個別スキルに関するもの

　まず，注目すべきは「ア）教科等を横断する汎用的なスキル（コンピテンシー）等に関わるもの」と，「ウ）教科等に固有の知識や個別スキルに関するもの」の間に，「イ）教科等の本質に関わるもの（教科等ならではの見方・考え方など）」が位置付いているという構造それ自体であろう。コンピテンシーとコンテンツという，ややもすれば対立しかねない2つの学力側面を，教科の本質が仲立ちし，有機的に結びつける関係になっているのである。

①教科の本質の2つの水準

　教科の本質とは，その教科等ならではのものの見方・考え方，処理や表現の様式のことだが，より詳細に見ると，少なくとも次の2つの水準があると考えられる。

　1つは，その教科の個別知識・技能を統合・包括する「鍵概念」で，「本質的な問い」「大きな概念（big idea）」などと呼ばれてきた水準である。たとえば，理科における「粒子」「エネルギー」や社会科の地理領域における「立地条件」，算数科における「1つ分のいくつ分」などがこれに含まれる。

　教科の本質のもう1つは，その教科ならではの認識・表現の「方法」であり，理科における「剰余変数の統制」「系統観察」，社会科における「多面的・多角的な見方」，算数・数学科における「帰納・演繹・類比」などがその代表的なものと言えよう。

　教科の本質を仲立ちとすることにより，表面的な見えにおいては異なる多様な領域固有知識が関係づけられ，統合的に理解される。このことは，知識の活

性化（その知識が有用な時には迅速に呼び出され適切に活用される）を強く促すであろう。

②汎用的スキルの2つの水準

併せて，汎用的スキルは，その内実や指示対象が不明瞭なまま「○○力」といった具合に命名されがちであるが，各教科等の下支えを得ることにより，そのような事態を回避し，しっかりとその実像に肉薄できることも期待される。

実際，汎用的スキルというが，そこにはやはり2つの水準があると考えられる。

1つは，教科・領域にあまり依存しない文字通りの汎用的スキルであり，認知的なものの他，情意的なもの，社会的なものや，それらが複合されたものも含めたい。先に紹介した研究の中でマクレランドが見出した3つのコンピテンシーがその典型であり，「適切な努力の十分な行使は必ずや環境内に意味のある変化を生み出す」といった意欲に関わる信念や「いかなる少数意見をも集団意思決定の候補としてその可能性を共感的に吟味する」といった社会的な態度や能力なども，この水準を代表する例と言えよう。

汎用的スキルのもう1つの水準は，教科の本質の他の領域や対象への適用である。たとえば，算数科で習得した「順序よく，もれおちなく考える」といったものの見方なり処理の方法を，算数科が主な対象とする数や量以外の事象，たとえば社会的な事象について適用するといった場合がこれに当たる。いわゆる形式陶冶の学力論の中で語られてきたものであるが，従来信じられてきたように，ただただその教科に熟達しさえすれば，その教科ならではのものの見方・考え方が他の領域にも自動的に繰り出されるようになり，効果的な問題解決に資するといったことがおよそ期待できないことは，近年の心理学研究により明らかである。

③教科の本質からコンピテンシーへと「攻め上がる」

その意味でも，教科の本質との関わりにおいて汎用的スキルやその育成につ

いて検討することには，大きな意義がある。具体的な作業としては，まずは各教科等の内側において，その教科の本質に関する徹底した吟味を改めて行いたい。そして，確認された教科の本質のそれぞれについて，その教科が主に扱ってきたのとは異なる対象や領域にも適用しうる（汎用的スキルとして作動する）か，しうるとすれば，それはどのような価値や意義を持つか。またそれを達成するには新たにどのような教育方法上の，あるいは教育内容上の配慮や工夫が必要となるかを検討することになるであろう。

なお，これとは逆の筋道，すなわち先に汎用的スキルの水準で候補を定め，それを各教科等においてブレイク・ダウンするよう要請するという可能性も考えられなくはないが，案外と奏効しないであろう。なぜなら，このような要請を受けた場合，作業は候補として挙げられた各汎用的スキルに該当するものを網羅的に探し出すという点に意識が向かいがちで，結果的にリストアップされたものが，その教科の特質に照らした場合の重要度や独自性において必ずしも適切ではないものが少なからず混在する危険性が懸念されるからである。

各教科等の主体性と創造性，さらに尊厳の観点からも，まずは各教科等においてその教科の本質に関する徹底した吟味が望まれる。そして，さらにその教科等ならではの独自な価値を，そこからコンピテンシーへと「攻め上がる」筋道において豊かに主張する機会の提供が，自己限定や守りに走りがちな各教科等の体質改善，ひいてはその教科等の新たな魅力や命脈の発見につながることを期待したい。

なお，以上の検討から「論点整理」で提起された学力の3層構造は，図1-2のように描き直すことができよう。

(2) 教科の本質の角度から各教科を問い直す

①野生の思考の汎用性

先に教科の本質について，その教科等ならではのものの見方・考え方，処理や表現の様式と説明したが，時には複数の教科等にまたがって現れる場合もある。

> ウ）領域固有の知識・個別スキル＝内容
>   cf. 手続きの理解と習熟：パックのトマトを単位量あたりの大きさで比べられる……習得
>   意味・限界・適用条件：単位量あたりの大きさで比べられる場合と比べられない場合がわかり，その理由が言え，さらに他の比較の視点や方法の候補を挙げられる……活用
>
> イ）教科の本質Ⅰ（その教科の個別知識・技能を統合・包括する鍵概念）
>   cf. 粒子・エネルギー・立地条件・1つ分のいくつ分
> イ）教科の本質Ⅱ（その教科ならではの認識・表現の方法）
>   cf. 剰余変数の統制・系統観察・多面的，多角的な見方・帰納・演繹・類比
>
> ア）教科の本質の，他の領域や対象への適用
>   cf. 順序よく，もれおちなく考える・社会事情を確率論的に見て，人々が行っている価値判断について批判的に吟味する
> ア）教科・領域に依存しない汎用的スキル（認知的・情意的・社会的）
>   cf. 分かりやすい説明＝明快な定義（内包）と具体例（外延）・適切な努力の十分な行使は必ずや環境内に意味のある変化を生み出す・どんな少数意見をも集団意思決定の候補としてその可能性を吟味する
>
> ア）メタ認知
>   cf. どこからわからなくなったか気付ける（オンライン・モニタリング技能）
>   自分が何を知っているか正確に言える（メタ知識）

図1-2　学力の3層構造のより詳細な分析・整理

　たとえば，図画工作科の「材料を基に造形遊びをする」では，あらかじめの意図や計画ではなく，材料との間にその都度生じる多分に偶発的な出合いと，その子どもによる闊達自在な必然化や選択の絶えざる繰り返しにより，美的な創造の営みが展開されていく。そこでは，本来異なるカテゴリーに属するもの同士を独自な視点や理路により大胆に「つなげる」「見立てる」「たとえる」といった思考の様式，かつてレヴィ＝ストロースが「野生の思考」と呼んだもの

が豊かに作動している。要素技術の思いもかけない新領域への適用や，限られたリソースを駆使して高い付加価値を有する商品を開発する場合など，知識基盤社会での新たな知や価値の創造において，この「野生の思考」が豊かに発揮され，目覚ましい成果を挙げていることは疑いの余地がない。それは，産業社会を支えてきた近代合理主義に基づく一方向的で等速直線運動的な発想や構想の様式とはすっかり異なるものであり，従来の学校教育がおよそ明晰な意図を持ってしっかりと育んではこなかった類いの思考と言えよう。

　造形遊びに潜在するこのようなコンピテンシー育成の可能性について，当の図画工作科が十分に自覚的ではなく，現状ではそこで培われている豊かな発想・構想の力が美的造形以外の対象に発動されることを想定しきれていないのは，何とももったいないことである。もし，この可能性が十全に追究され，さらに応分の成果が確認されたならば，図画工作科にはその成果に応じた時数を含むリソースの確保が検討されてしかるべきであろう。

　なお，この「つなげる」「見立てる」「たとえる」といった思考を基盤とした美や価値の創造は，造形領域に留まらない。国語科で扱う短歌，俳句，詩などにも，ほぼ同様の思考と表現の操作を言語に対して適用している側面を認めうる。

　興味深いのは，言語を対象とする国語科の中に，規範言語の命題論理的な操作という意味で，むしろ算数・数学科や理科に近い思考操作をする学びと，「野生の思考」を行う領域が同居していることであろう。これは図画工作科も同様で，「表したいことを絵や立体，工作に表す」では，あらかじめの意図や計画にそった造形活動の展開が期待されている。

　その意味では，家庭科の調理や被服の領域において，あらかじめの意図や計画に沿った創出に終始しているのは，やや不自然かもしれない。実際の家庭生活では，冷蔵庫の残り物と対話しながらもう1品を「でっちあげる」のであり，それはまさに「野生の思考」的創造である。

・・・・・・・・・・ ②**教科の内部論理とは異なるもう1つの系統性** ・・・・・・・・・

加えて，教科の本質を改めて吟味し，さらにそこを拠点にコンピテンシーに迫るという挑戦は，各教科等の内容編成に対しても，新たな視点を提供する。具体的には，明らかとなった教科の本質，さらにそこからコンピテンシーへと攻め上がる筋道をより十全に実現するには，どのような「内容」が必要かつ十分なのか。少なくとも，ある「内容」が他の「内容」と比べて，なぜ有効または重要と言えるのか。
　これは「内容」の選択と取り扱いの軽重を巡る問いであり，従来は個々の「内容」それ自体に存する価値や「内容」相互の系統性という，いわば教科内部の論理によってもっぱら意思決定がなされてきたように思う。そこに教科の本質，それもコンピテンシーへという拡張可能性を展望すること，すなわちそこではその教科が主に扱ってきた以外の対象や領域へと世界が大きく開かれることになるのだが，それにより幾分なりとも健全な意味での外部論理の導入が図られることが期待される。
　教科の本質とコンピテンシーへの明晰な自覚は，さらに個々の「内容」の関係，具体的には各「内容」の学年内，学年間における系統，また複数の領域相互の関係をどう考えるかという問題をも提起する。たとえば，算数科における類比的なものの見方は，どの学年のどの「内容」から出発し，どのような経緯を辿ってその洗練と適用範囲の拡張の度合いを高めていくのか。また，類比的な見方は「数と計算」「図形」「量と測定」「数量関係」という四領域のそれぞれにおいてどのような顕れをなし，それらをどのような順序で，また関連づけて扱うことが子どもの認識の発達にとって望ましいのか，といったことが具体的に検討されてしかるべきであろう。これは，「内容」の内部論理系統とは異なるもう1つの系統性への意識を，カリキュラムと授業に持ち込む可能性の萌芽となりうるのではないか。
　このように，教科の本質，さらに教科の本質からコンピテンシーへと迫るという視点から現行の各教科等のあり方を見つめ直すことにより，その改善，改革のさまざまな可能性が見えてくる。コンピテンシー・ベイスの教育という視座は，硬直化しがちな各教科等を思いがけない角度から「ほぐし」，そこに新

たな発展への活路を提供してくれるに違いない。

③ コンピテンシー・ベイスの教育方法

(1) 活性化した知識の条件

　「論点整理」が提起した学力の3層構造に「ウ）教科等に固有の知識や個別スキルに関するもの」が位置付けられていることからも明らかなように，コンピテンシー・ベイスの教育においてもコンテンツは不可欠である。コンピテンシー・ベイスの教育とは「どのような問題解決を現に成し遂げるか」という問いを中核に据えて教育を考える立場に他ならない。そして，質の高い問題解決は常に領域固有知識の効果的な活用を伴う（奈須，2014）。

　もちろん，だからといって単なるコンテンツの所有では不十分である。少なくとも，問題解決に有用な時には迅速かつ確実にその知識が呼び出される状態，いわゆる活性化された質の知識になっている必要がある。

　いわゆる「生きて働かない」不活性な知識と活性化された知識では，記憶内における貯蔵のされ方に違いがある。不活性な知識は，言語的な命題や事実として貯蔵されていることが多い。たとえば「車両走行中にアクセルペダルから足を離したり低いギアにチェンジすることによって生じる制動作用をエンジンブレーキと言う」といった具合である。

　これに対し活性化された知識は，条件（IF）節と行為（THEN）節の対として貯蔵されており，行為節に記述された知識がどのような場合に活用可能かは条件節の中に明示されている。たとえば「もし，急な下り坂や雪道ならば」（条件節），「車両走行中にアクセルペダルから足を離したり低いギアにチェンジすることによって生じる制動作用（＝エンジンブレーキ）を使って走行しなさい」（行為節）といった具合である。

　自動車教習所ならば，エンジンブレーキを言葉として知っている，あるいは概念定義を説明できるだけで終わることはあり得ない。その知識をどのような場面で用いるか，条件節についても併せてしっかりと指導し，さらにさまざまな状況で実地に経験を積ませるのが普通であろう。

ところが，コンテンツ・ベイスで進めてきた従来の学校教育では行為節の指導にばかり意識を集中し，ややもすれば条件節の指導を軽視してきた。その結果，子どもたちが所有する知識の多くは不活性な状態に留まっている。まさに「何を知っているか」と「どのような問題解決を現に成し遂げるか」の乖離であり，条件節の欠如は知識が「生きて働かない」およそ最大の原因である。コンテンツ・ベイスの教育の最大の難点は，教えているコンテンツの選択や量そのものにではなく，むしろ，それらがどのような質のものとして教えられるかという点にこそあった。
　このことは，コンピテンシー・ベイスの教育への移行が，教育方法に関する抜本的な改革を不可避的に要請することを意味する。暗記的で要素的な不活性な知識から，主体的，創造的に縦横無尽に活用される活性化された知識へと，学び取られる知識の質を変革することが目指されるのであり，この目的に向けて多彩な教育方法が開発され，相互に共存しつつ豊かに実践されることが今後に期待される。アクティブ・ラーニングを始めとする近年の教育方法改革も，この動向の一環として統一的に理解できよう。
　次節では，このような知識の質の変革をもたらす教育方法について，さらに「オーセンティックな学習」と「明示的な指導」という2つの側面から考えてみたい。

(2) オーセンティックな学習

　現実世界で普通に行われている人々の実践から見れば，学校の学習活動の多くは教師や指導内容の都合から強引に導き出した不自然な文脈や状況で行われる，何とも嘘くさいものとして映る。たとえば，鶴亀算では鶴と亀の足を区別することなく数え上げるという状況が設定されるが，いかにも不自然である。また，そんな授業を受け続けてきた結果，子どもたちも次第に「60人乗りのバスがあります。140人を運ぶには何台のバスが必要ですか？」という問題に「2と1／3台」と答えるようになる。ここで，「1／3台なんてバスがあるの？」と尋ねると，現実にはあり得ないことを子どもも十分に承知はしている。にも

かかわらず，「でも，それで正解だから」「学校の勉強はそういうもの」と信じて疑わない。

　このような質の学びで習得した知識や技能は，当然のことながら現実の問題解決に生きて働きはしない。図1-3に示すように，実際の問題解決は，まず現実世界における問題状況を算数ならば数理的な処理に耐えうる形へと再表現し，次に計算その他の処理を施して数理的解決へと至り，さらにその解決に対する現実的な評価を行うことにより，ようやく終結を迎える。伝統的な学校の授業は，しばしば図1-3の右側のみを扱うに留まっていたのであり，それこそが「1／3台のバス」を生み出した。

　ならば，これとは真逆に，現実の世界に存在する「本物の実践」に可能な限り文脈や状況を近づけて学びをデザインしてやれば，習得された知識や技能も本物となり，現実の問題解決に生きて働くのではないか。これが，オーセンティックな（authentic：真正の，本物の）学習の基本的考え方である。

　たとえば，第5章の冒頭で齊藤が紹介している「どのトマトがお買い得なのか」の授業では，実際にスーパーで売っているさまざまなトマトのパックを買ってきて，「どれが一番お買い得か」を問う。算数の指導内容としては「単位量あたりの大きさ」であるが，現実のトマトはパックの個数によってサイズや品質等が微妙に異なり，そのままでは比べられない。当然のことではあるが，現実の状況は，万事が算数の指導内容の都合に沿ってはくれないのである。

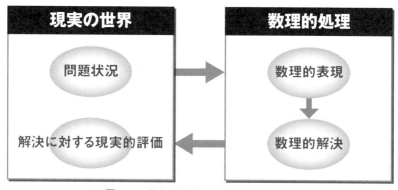

図1-3　現実の世界と数理的処理の関係

しかし，このような状況がかえって何とか計算できないかとの切実感を子どもに生み出し，「グラム当たりなら比べられるんじゃないか」という着眼を生み出す可能性をもたらす。もちろん，この気付きの背後にはグラム当たりの表示を近所のスーパーで見た生活経験や，それを取り上げた社会科学習がすでに生きて働いている。

　そして，仮にこの気付きを契機としてグラム当たりで比べた後も，「でも，ＬＬとＭでは味が違うから，グラム当たりの値打ちが同じとは言えない。だから，どっちがお得かはそれだけでは決められない」「うちは４人家族だから，６個パックだと余っちゃう。だから，うちとしては４個パックの方がむしろお買い得」といった意見が出たりするのである。

　以前，この授業を紹介したところ，「これは算数の授業じゃない」と怒り出した人がいたが，算数を数理手続きの習得と考えているのであろう。もちろん，算数では数理手続きも学ぶが，それ以上に重要なのが数理の意味であり，さらには数理のよさや適用条件，限界にまで学びを深めてはじめて，学んだ知識・技能としての数理は現実の問題解決に適切かつ個性的，創造的に生きて働く。

　さらに注目すべきは，本物のトマトのパックを教室に持ち込むことにより，子どもの思考が極めてリアルになったと同時に，数理それ自体の探究としても深まりを見せている。つまり教科の本質に迫る側面をも併せ持ったことであろう。学びの文脈をオーセンティックなものとすることは，しばしば誤解されているように，子どもを教科の本質から遠ざけるとは限らない。周到な準備や計画により，学びのリアリティと教科の本質への肉薄は，十分に同時的に達成可能なのである。

　オーセンティックな学習が効果的なのは，後に出合う問題場面と類似した文脈で学ぶからである。それにより，新たな知識はそれが利用可能な条件とセットで獲得される。さらに多様な文脈へと学習が拡げられるならば，知識はそれらと豊かに結びつき，広範囲にわたって活性化しやすい知識へと成長していくだろう。

　Ｂ問題が要求する学力の質もまた，オーセンティックな学習の特質と通底す

る。図1-4は、ある図書館の貸出冊数と、それに占めるインターネット貸し出しの割合を示したグラフをもとにしたB問題である。まずもって、問題状況それ自体が極めて自然であり現実的である。また、問題文中に公式が示されている点にも注目したい。割合の意味の理解が本質的なのであり、公式の暗記が必ずしも決定的ではないことを暗示しているとも読める。逆に言えば、いくら公式を暗記していても、その意味するところを十全に把握していなければ、公式を適切に「活用」して現実の問題を解決することはかなわないであろう。さらに、「かずやさんの考え方」ではすべてを計算して判断がなされているが、「たまきさんの考え方」では計算することなく、論理的な思考のみで判断が下されている。「算数とは計算することだ」といった旧来の教科観からの脱却を意図した出題とも解釈しうる斬新さであり、我が国のカリキュラムと授業の今後を予言していると言えよう。

オーセンティックな学びにすると文脈が複雑・煩瑣になり、予定した指導内

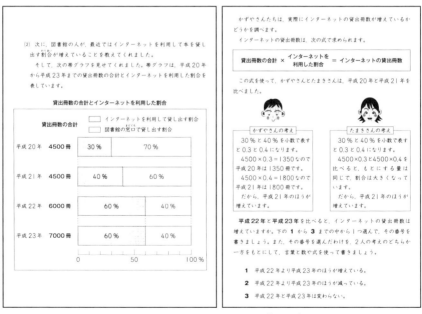

図1-4　平成25年度全国学力・学習状況調査「割合」に関するB問題
(国立教育政策研究所　平成25年度全国学力・学習状況調査　小学校算数調査問題より)

容以外の余計なものがあれこれ混濁する。これを心配する向きもあるが，実際には意外なほど子どもは混乱しない。複雑で混濁しても，文脈が本物でありさえすれば，子どもは具体経験や生活実感など，思考を巡らす足場となるインフォーマルな知識を豊かに所有しており，それらを駆使することで，自分に引きつけての思考や判断を進めることができる（奈須，2013）。興味深いのは，既習の弱い子，その教科が苦手な子も何らかの角度で参加できる可能性の高まることであり，それを契機に教科への関心が高まり，あるいは苦手意識が払拭されることさえ期待しうる。

何より，複雑で混濁した状況で学んだ知識であってこそ，複雑で混濁した現実場面の問題解決での活用に耐えうる。私たちはわかりやすく，混乱しないようにとの配慮から文脈の単純化や断片化を進めてきたかもしれない。しかし，不自然なまでの過剰な単純化は，子どもの授業参加への道を狭め，かえって習得の可能性を引き下げ，さらにせっかく習得した知識さえ生きて働かない質のものに留めてきたのである。

(3) 明示的な指導

オーセンティックな学習では，現実世界に存在する「本物の実践」に可能な限り文脈や状況を近づけて学びをデザインすることで，習得された知識や技能も本物となり，現実の問題解決に生きて働くと期待された。しかし，残念ながらそれだけでは必ずしもすべての子どもが学んだ領域固有知識，教科の本質を自在に活用してはくれない。

たとえば，日本の理科の授業では小学校から徹底して実験や観察を重視してきた。それらは多分にオーセンティックな学習であったと思われるが，にもかかわらず子どもたちの「科学する」態度や能力は必ずしも十分とは言えないようにも思う。原因はさまざま考えられようが，1つには，子どもは科学的探究に関する相応のオーセンティックな経験はしているのだが，その経験を自覚化し，さらに道具化して自家薬籠中のものとし，ついには自らの意思で自在に操れるよう，教師に段階的な導きを施されてはいないのではないか。

実験や観察を繰り返し経験するうちに，それらの奥に横たわる科学的なアプローチという抽象・一般・普遍を帰納的に感得する子どもも，一定程度はいるだろう。しかし，多くの子どもは「乾電池と豆電球」「光の反射と屈折」「ものの溶け方」といった具体・特殊・個別を認識するに留まり，そこから科学的なアプローチについての茫漠としたイメージくらいは形成するだろうが，それでは新たな対象や場面について科学的アプローチを自力で発動することなど望むべくもない。

　質の高い問題解決経験の累積が，ついには問題解決力をもたらすというのは，初期社会科などでも常に暗黙の前提とされてきたように思われるが，あまりに楽観的に過ぎたのでないか。さらに，その経験群が意味する一段抽象化された概念について，教師が適切な手立てにより明示的（explicit ないし informed）に指導することが望まれるのである。時に複数の実験や観察の経験を統合し，比較すること，そして科学的探究を構成するいくつかの鍵概念について，それを自在に操れるよう言語ラベルを付与すること，そして次には，それらの鍵概念を用いて新たな実験や観察について思考を巡らせること，そんな段階的で明示的な指導はすでに一部の理科教室では実践されてきたが，さらに広く実践されていいだろう。

　同様の問題は，他の教科にも存在する。たとえば国語科で特定の教材を足場に読解の方略を教えた場合にも，それが他の文章の読解に自発的に用いられるようになるまでには，なお超えなければならない段差があると考えるのが自然であろう。この段差をどのように乗り越えるのか，各教科の特質に即した具体的な方策の拡充が望まれる。

　明示的指導に関する心理学的な研究によると，子どもは単に方略を受け身で教わっただけでは，①それが本当に有効であるとの実感を持てず，②また，なぜ有効なのかを明晰には理解せず，③したがって，どんな場面で有効なのか判断することができず，④さらに，教わったのとは異なる対象や場面に適合するよう自力で知識や技能をアレンジして実行できる程にはその使用に習熟してはいないがゆえに，教わった方略を自発的にはほとんど用いない（Paris et al.,

1982)。これら4つの関門すべてクリアする明示的な教え方をしてはじめて，子どもは学んだ知識や技能をさまざまな問題解決に自発的かつ創造的に活用するようになる。

　ちなみに，明示的な指導が真に奏効するためには，それ以前の段階においてオーセンティックな学習経験のあることが大前提になってくる。本物の実践に近い，自分事の豊かな学習経験があるからこそ，その一段抽象化した意味をたとえ教師がリードして抽出し手渡したとしても，なおその子は自分の宝ものとして，その知識なり技能を感じることができよう。つまり，オーセンティックな学習と明示的な指導の適切な組み合わせが，「どのような問題解決を現に成し遂げるか」を主な問いとするコンピテンシー・ベイスの教育における，主要な教育方法上の原理なのである。もちろん，それはあくまでも原理であって，その具体的な手続きや手立てはなお多様でありうるし，今後まだ見ぬ新たな姿や方策の開発が期待されることも，言うまでもない。

　なお，伝統的な教育学の枠組みから見れば，オーセンティックな学習は経験主義的であり，子ども中心・生活重視そのもののアプローチと言えよう。一方，明示的な指導は系統主義的であり，教師主導・科学重視の色彩が濃い。ここで，「ならば両者は相容れないのではないか」との疑念を持つ向きもあるかもしれない。

　しかし，子どもの学習と知識に関する科学的な知見，そして何より多くの改革的で挑戦的な実践の事実は，この伝統的な対立図式を乗り越えた地点においてこそ，真に有用で価値ある学びを効果的に実現できることを繰り返し証明してきた。コンピテンシー・ベイスという新たな枠組みは，現場人と研究者の協働による実践開発という具体的営為を通して，ついには教育学を支配してきた伝統的な枠組みをも刷新する可能性を，今や現実のものとしつつあるのかもしれない。

■**引用文献**

安彦忠彦(2014).「コンピテンシー・ベース」を超える授業づくり. 図書文化社.

アダム・スミス, 山岡洋一訳(2007). 国富論. 日本経済新聞出版局.

ダニエル・ゴールマン, 土屋京子訳(1996). ＥＱ: こころの知能指数. 講談社.

McClelland,D.(1973). Testing for competence rather than "Intelligence". *American Psychologist, 28,* 1-14.

McClelland,D.(1993). Introduction. In Spencer, L. M. & Spencer, S. M.(1993). *Competence at work: Models for a superior performance.* John Wiley & Sons. pp3-8.

奈須正裕(2013). 子どもと創る授業: 学びを見とる目, 深める技. ぎょうせい.

奈須正裕(2014). 学習理論から見たコンピテンシー・ベイスの学力論. 奈須正裕・久野弘幸・齊藤一弥編著. 知識基盤社会を生き抜く子どもを育てる：コンピテンシー・ベイスの授業づくり. ぎょうせい, pp.54-84

Paris,S.G., Newman,R.S., and McVey,K.A.(1982). Learning the functional significance of mnemonic actions: A microgenetic study of strategy acquisition. *Journal of Experimental Child Psychology, 34,* 490-509.

ペスタロッチ著, 田尾一一訳(1964). リーンハルトとゲルトルート. 玉川大学出版部.(なお, 引用箇所の訳出については, さらに梅根悟(1988). 世界教育史. 新評論, pp.277-278 を参考にした)

レヴィ＝ストロース著, 大橋保夫訳(1976). 野生の思考. みすず書房.

White,R.W.(1959). Motivation reconsidered: The concept of competence. *Psychological Review,* 66, 297-333.

White,R.W.(1963). *Ego and Reality in Psychoanalytic Theory - A Proposal Regarding Independent Ego Energies.* International Universities Press, New York.

第2章

協働討議
コンテンツ,教科の本質,コンピテンシーが調和する教育をめざして

奈須正裕・鶴田清司・江間史明・齊藤一弥・丹沢哲郎・池田　真

1　教科の本質とコンピテンシーの関係

「教科の本質」を教科横断的に考える

奈須　今日は，お忙しいところをありがとうございます。

　教科の本質という古典的な主題を，コンピテンシー・ベイスという新しい文脈に位置づけ直すことで再吟味するとともに，新たな側面が発見できたり，相互に突き合わせることで教科を越えた構造化ができればと考えています。これ，多分大事なテーマなんだけど，誰もはっきりとはわかっていないという（笑），なかなかに厄介な問題でもありまして。

　しかも，教科の中で議論するとどうしても内輪話になりがちなので，今回は教科を横断して考えたい。したがって，着地点も全然わからないんですが，ここは本づくり自体もコンピテンシー・ベイスということで（笑），プロセスを楽しみながらと思います。

　今回の協働討議に先立ち，私の方で第1章の総論的な原稿を書きました。事前にお読みいただきましたので，まずはそれをたたき台に議論し，さらに各教科の状況などをお話しいただければと思います。

　今日は何か決着がつくというよりも，ブレーン・ストーミングをしながら多くの問いが豊かに生まれてくる。あるいは，他の教科の事情を知ることで自分の教科の位置が見えたりすることが一番大事かなと考えています。よろしくお願いいたします。

理科では,「形式陶冶か実質陶冶か」の論争をずっとやってきた

丹沢 私はこの総論を読んで,理科的に考えると違和感がほとんどなくて,それこそ理科が歴史的にずっと考えてきたことなんですよね。そもそもサイエンスの成立は19世紀半ば,1850年代ぐらいにサイエンスという言葉が成立し,サイエンティストという職業人が生まれた。

だから,学校に理科が入ってくるのは20世紀以降,実はものすごく新しい教科なんです。なので,20世紀初頭から数十年の間,何で理科を学ばなきゃいけないかという激論が交わされた。そこで最終的に勝利したのが思考力育成,理科で培われる思考力というのは,あらゆる社会生活に適用できて役に立つんだという形式陶冶的な考え方だったわけです。

ところが,科学技術を利用した社会へと変化が進む中で,領域固有知識を所有することの重要性が目に見えて高まってきた。たとえば,ウイルスなり細菌の勉強をして,ウイルスがこういう性質を持っているからこういう薬を飲んでという知識を持つことで,病気を予防できる。これは確かに社会生活上,とても役に立つことです。

こうして,思考力育成という形式陶冶的な立場と,知識の社会的有用性という実質陶冶的な立場との間での論争が,現在までずっと続いている。だから,今回のコンピテンシーを巡る議論も,ずっと理科が繰り返しやってきたことのような気がして,ほとんど抵抗感がないんです。

コンピテンシーかコンテンツかの二元論に陥らないことが大事

江間 そこで考えたいのは,そのコンピテンシーとコンテンツに「教科の本質」という概念を加えた場合の3者の関係で

奈須正裕氏(上智大学教授)

す。奈須先生は「コンピテンシーとコンテンツという,ややもすれば対立しかねない2つの学力側面を,教科の本質が仲立ちし」(本書p.18)と書いています。文科省の検討会の報告だと,ア,イ,ウと整理したウ,つまりコンテンツについて「単独のものとして捉えるのではなく,教科等の本質や汎用的なスキル等とのつながりを意識しつつ扱う」という言い方がされている。

すると,コンピテンシー育成までを射程に含めた授業像というのが大事になってくるんだろうなと。たとえば,扱う内容を仮に一定にしておいて,「何を知っているか」から「どのような問題解決を成し遂げるか」へと問いを変えることで,何が見えてくるのかと考えてみたいわけです。

そうしないと,コンピテンシーかコンテンツかという主題は,社会科では戦後初期に「問題解決の必要性が大事で,知識は手段なんだ」という立場と,「まず知識を教えなきゃ,そもそも考えられないだろう」という立場の間で,能力か知識かという議論が真剣になされた経緯があります。だからそれと同じような形にすぐ持ち込みたがると思うんですよね。コンピテンシーかコンテンツか,能力か知識かといった対立枠組みの議論にしないことが大事だろうなと思います。

もう1つは,実際の授業。漢字や計算技能なんかが典型だと思うんですが,知識や技能はコンテンツとしてしっかり教えておいて,それとは別に考えさせる授業をやって,そこでコンピテンシーを育成するみたいになりがちです。そうではない授業のあり方をどう考え,実現していくのか。

二元論的な学力論をずらすための「教科の本質」

奈須 実はコンピテンシーの考え方自体

江間史明氏(山形大学教授)

は新しくはないんです。それこそ、ルソーの『エミール』はコンピテンシー・ベイスだと、誰も言わないし追随してくれないんだけれど（笑），僕は本気で思っているわけです。そこからデューイ、さらにブルーナーという流れ、まさに教育学のメインストリームですね。もっとも、教育政策としてはブルーナーがリードした「教育の現代化」以外はマイナーというか常に「草の根」だったんですが，それが今や国家やOECDみたいな国際機関までが主導する全地球的な動きになりつつある点に、現状の面白さがある。実際の中身を見ても、今回の動きはブルーナー・リバイバルと解釈できるんじゃないかと思います。

そして、これはその「教育の現代化」の時も同じなんだけど、今回もコンピテンシー・ベイスが脚光を浴びている背景には産業界からの要請がある。しかも、日本ではタフネスとか地頭力とか、およそ内容から離れたものが「とにかく必要なんだよ」みたいに体験的に語られていて。さらに、その一方で知識はたくさん持っていた方がいい、みたいな二元論的な学力論に行きがちでね。

それをどうやって教育の側でずらすかと考えたときに、「教科の本質」という言葉が一番いいと思った。教科の本質をきちんと教えると言ったら、さすがに産業界の人も「それはそうだろう」と納得してくれるだろうから。

丹沢哲郎氏（静岡大学教授）

「教科の本質」という言葉を使うことの意味

江間 ただ、「本質」という言葉は難しいですね（笑）。僕の理解だと、それをなくしてしまうと、それ自体でなくなってしまうようなもの。

奈須 実は昭和の時代，40年代から50年代がピークかと思いますが，この議論ってやられているんですよ。学校で教科を教えることの子どもと社会にとって

の意味を巡って,教職員組合も民間の教育研究団体も実践的かつ学問的な議論を真剣にしている。その資産を今,各教科で見つめ直して,今日的視座から価値づけ直すみたいな作業が,個人的には大切だし有望だと考えているわけです。

丹沢 今,やらないですね。まったく,やらなくなった。

奈須 イデオロギーに絡め取られた時代的な限界もあるんですが,でもああいった本格的な議論を教科の内部でやらないと,教科に関する議論や認識が軽くなっちゃっているでしょう。教科の本質という言葉を使うことで,もう一度,教科をいい意味で重くしたいというか。

池田 教科の本質みたいな概念があることで,教科書を教えることで精いっぱいになっている先生が,もっと広い視野なり文脈の中で教科を問い直すきっかけになる,そういう意味って,すごくあると思います。

それで,コンピテンシーを導き出す手順として,奈須先生はトップダウンはよくないと。ボトムアップでという論なんですが,一方で21世紀型スキルなんかに出ているものからトップダウン的に教科を見ることによって,今まではここに焦点を当ててなかったけど,それこそ方法論とかをちょっと変えることによって,ここの部分もうちの教科でできるんじゃないかという,何かそういう第3の道もあるんじゃないかなと思うんですね。今回,英語はそういう考え方でやってみたいんですけど。

奈須 それはありですよね。そのあたりも,教科の特質によって多少なりとも様相が違ってくるということなのかもしれない。

池田 最初の土台づくりの段階では,白紙の状況で一応こういうものがあるけれども,この中で特に当てはまるのはこれで,これは全然当てはまらない。でも,

池田真氏(上智大学教授)

ここのところはもしかして今まであまりやってないけどできるんじゃないかなという、そういう何か土台づくりとして使えるのかなと思うんですね。
奈須 見つめ直しですよね。
池田 見つめ直しです。
奈須 それじゃないと自己限定をかけちゃうから。
池田 そうなんです。そこがあって。
奈須 役割分担型の自己限定は一番危険。そうやって閉じこもっちゃいけなくて、カリキュラムという全体の構造に向けて、各教科をどうやって開いていくか。そこが今回、問われているんだと思います。

❷ 各教科の多様性が豊かなコンピテンシーの形成を促す

算数・数学科における「教科の本質」とコンピテンシー

齊藤 教科の本質とコンピテンシー、つまり汎用的な資質・能力について、実は算数・数学ではかなり整理ができてはいます。

まず、教科の本質に当たる「算数・数学で大切にしたい見方・考え方」は2つの視点で整理できる。1つは「知識・技能を統合・包括するようなキーとなる概念」で、たとえば、単位の考え方とか関数の考え方。もう1つは「算数・数学ならではの認識・表現の方法」で、一般化を図る、抽象化を図るといったものですね。

一方、汎用的な資質・能力は、奈須先生は教科にかかわるものとそうでないものという整理でした。私も基本的には近いんだけれども、1つは、統合的な見方や拡張的な見方といった「算数・数学での学習が基本となる資質・能力」、もう

齊藤一弥氏（横浜市立羽沢小学校校長）

1つは，モデリングや生活の効率化など「算数・数学の学習で育成される資質・能力」と考えました。

ただ，いくらこうやって整理しても，問題は実際の授業です。ところが，いざ現場教師が授業づくりやその振り返りの際にそれらをどうとらえているかというと，その境目が見えにくいというか，相互乗り入れ状態になりがちだというのが，横浜市の先生たちとの協同研究の中で見えてきたんです。とりわけ，「算数・数学ならではの認識・表現の方法」と，「算数・数学での学習が基本となる資質・能力」の区分けができない。どのレベルまでを教科固有と考え，どこからを汎用性のあるものと考えているのか，また，考えていくべきなのか，実にあいまいなんですね。

さまざまな文脈や様相で繰り返し指導される中で身に付くのがコンピテンシー

奈須 まあ，結局のところ，こういったものは幾重にも階層的になっていて，しかも光のスペクトラムみたいに，実体としては連続的だったりするでしょうから。つまるところ，コンピテンシーといい，また教科の本質と言っているけれど，あくまでもモデル論ですからね。

だから，あまりきちきちと整理して，あるいは無理矢理それに実践を合わせようとするのは，もたらされる授業や学びの質から考えても，決して得策ではなくて。

齊藤 さらに言えば，論理的思考なんかはかなり抽象度が高いんだけれども，算数として育てたい論理的思考として，推論，帰納，演繹と学習指導要領にも書かれている。すると，これらは教科固有なんじゃないかという見方も成り立つわけで。その一方で，論理的思考というと，

鶴田清司氏（都留文科大学教授）

当然，理科をはじめとした他の教科でも育成するわけでしょう。

奈須 重なってきますね。

丹沢 完全に理科と重なっているなと思う。

奈須 まあ，そうなんですけど，たとえば「算数・数学ならではの認識・表現の方法」，これは教科の本質に位置づくということなんだけど，そこに入っている一般化，形式化，抽象化なんかは理科でも大いに扱ってきた。でも，算数・数学で扱うような純粋な数量関係を議論するときの一般化，形式化，抽象化と，具体的な事物・現象を扱う理科での一般化，形式化，抽象化だと，もちろん共通性はあるんだけれど，かなり様相が違うんじゃないですか。

丹沢 それは違いますね。

奈須 そこが大事なんじゃないかと。

齊藤 つまり，ここで言っている一般化，形式化，抽象化の向こう側に，それぞれに張り付いているコンテンツがあるわけですよ。それが，算数・数学の世界のものと，科学の世界では異なるという話。

丹沢 そうそうそう。

奈須 むしろ，一般化を算数でも理科でも経験することで，その子の一般化を図るものの見方が立体的になる。

齊藤 そういうことが繰り返しいろんな教科で出てくるし，それでいいんじゃないですか。

丹沢 理科では1960年代から，比較する，順序立てる，推論するといったものが科学のプロセス・スキルズとして，13個から15個くらいに整理されてきたんですが，これらのスキルが理科に固有なのか，汎用的なのかというところは非常に難しい。ただ，今の議論だと，そこのところは必要以上に意識せず，まずは理科としてともかくも付けたい力としてきちんと取り上げていく。そして，結果的にそれが各教科で重複して，しかもさまざまな文脈や様相で繰り返し指導されていく中で，子どもたちもメタ的に認知しながら，学年や学校段階が上がっていくにつれて，その力が総体として身に付くと考えればいいんじゃないかと。

奈須 そうでしょう。仮に多くの教科で論理的とか，統合的というのが出てきたとしても，算数の論理性と国語の論理性は，もちろん共通性もあるけれど，違っている部分もある。それでいいんですよ。「比べる」なんてのはその典型でね。多分，どの教科でもあるし，有効なんですが，だからできるだけ多様な「比べる」をやるといいい。その上で，社会科の「比べる」と理科の「比べる」では何がどう違うか，それが体得されたとき，それこそが教科の本質になるという可能性さえあるでしょう。そう考えると，たとえば，「比べる」といった同じような言葉が複数の教科に出てきたとしても，それ自体は構わないというか。

齊藤 単にキーワードで一般化というから混乱するわけで，その教科固有な一般化の仕方をしっかりと考えるということですね。たとえば，そこにセンテンスをくっつけてみると，その教科固有の内容を通してとか，それが背景になってという言い方になる。

奈須 同じ算数でも，単純化って1つの様式ではないでしょう。

齊藤 ないです。

奈須 それは何種類くらいあるんでしょうね。一方，理科でも単純化はやっているでしょうけど，それも何種類あるのか。それが見えてくれば，その何種類かの単純化が，まずは形式的な操作として算数と理科で似ていたり，違っていたりして，また仮に似ていたとしても，先ほど話題になったように，対象が異なれば自ずと様相は違ってくるので，子どもが単純化という見方・考え方を深めるのには大いに意味がある。こういった側面からも，コンピテンシーを教科の本質や，それを構成する領域，さらに個々のコンテンツとの関係で検討していくのは，たしかに大変ではあるけれど，非常に大切で有望なんだと思います。

❸ コンピテンシー・ベイスにおけるコンテンツの質

コンテンツのとらえ方を変えていきたい

鶴田 今回の動きで大事なこととして，奈須先生も書いているんですけど，コンピテンシー・ベイスの教育だからといって，コンテンツはもういらないとい

う乱暴な議論にはならないということですね。なぜかというと，質の高い問題解決において領域固有の知識は必須の条件であるということは，しっかりと共有されるべきだと思うんです。

奈須 平成に入った頃かと思いますが，これからは知識はすべてコンピュータに入っているから一切所有しなくていいみたいな論がありましたけど，あれは無茶でしたね。

鶴田 かつて，漢字の読み書きも電子辞書に頼るべきだ，という意見がありました。もちろん，ICTの活用力は必要ですが，語彙力とか漢字力が国語の学力としては重要なポイントになってくるわけです。実際，いちいち辞書を見ているようでは質の高い問題解決にはたどり着けない。

丹沢 算数なんかの場合も，手で計算することによって育つ感性みたいなものがあるような気がしていて。たとえば概数や見積もりとか，そんな感覚はコンピュータでぱっとやるんじゃなくて，自分でやったところから何となく身に付いてくる力のような気がするんですよね。

齊藤 何をもって計算力とするかでしょうね。アルゴリズム的に処理できることだけを計算力と考えるのではなく，計算結果を見積もるとか，手続きの裏側にあってアルゴリズムを支えている原理・原則まで含めて広義にとらえる必要がある。言い方を変えれば，知識・技能の内容そのものではなく，働きとか，必要性とか，よさとか，それがわかった上で，さまざまな問題解決場面で自在に活性化される内容がコンテンツなんだというふうに，コンテンツそのもののとらえ方を変えていきたい。

奈須 たとえば，十進法の構造を感じながら計算するとかいうのは大事なんでしょう？

齊藤 大事。

奈須 筆算で，ただここをこう動かして，消してといった手順じゃなくて，なぜそうするのか。その背後に十進法の構造があるからこれが成り立っている。そういう感覚を保持しながらやる。でもその感覚って，丹沢先生が言われたように，言語で教えて1回でわかるものじゃなくて，何度も何度も繰り返す身体

的な動きとの関係で体得するでしょう。

齊藤 だからコンテンツそのものを学んでいくときも，それこそ今話題になった計算指導ですら，いったん学んだことをどれだけ使っていけるかという，その能力育成の視点から再構築すると面白くなる。すると，単元名も変えればいいんですよ。「あんたたちはいつまで教えれば気が済むの？」（笑）とか「どこまでやるつもり？」にして，繰り返しの途中で「先生，これ以上は同じ仕組みだから，もうこの計算の勉強はやらなくてもいいんじゃないの」と言えるような子どもに育てたい。

丹沢 その話を聞くと，市川伸一先生の「教えて考えさせる授業」を思い浮かべるんですね。理科の方では1960年代にカープラスという人が提案した「概念変容教授モデル」というのがあって，新たに習得した知識は，既有の知識なり方法のネットワークの中に組み込まれて，その位置がわかってようやく使えるわけで，そうやって使えて初めて学習というのは成立するんだろうと考えるんです。

　具体的には，新たに学習したことを，シチュエーションを変えてもう一度使ってみる場面を授業の中に入れていく。そういった活用する場面を授業にどう組み込むのか，あるいは知識の習得そのものにおいても，活用の効果をどう位置づけていくのかに関心があって。さらに，こういったところからコンピテンシー育成に切り込めるのではないかと考えています。

コンテンツの「価値」もセットで教えないと活用できない

齊藤 もう1つは，何のためにやっているのか。その価値を一緒に教えないと，活用なんかできっこない。一番象徴的なのは掛け算九九。延々と2年生の後半，お風呂で唱えながら覚えた記憶が誰しもあると思うんですが，何で九九なんか覚えるのかについて，子どもは，まあ，そういうものだと。あんまり考えちゃいけないと。おじいちゃんの小さい頃もやっていたんだからって（笑）。

　でも，それではせっかく学んだ内容の意義や価値が子どもには一切わからないもんだから，それを使おうとするとか，そういったことにはつなげられない。

それはもうまさしく，A問題の学力をいくら積み上げたってB問題はできないよという，この構造を象徴していますよね。
鶴田 国語で言うと，漢字がまったく同じですね。ひたすら努力して覚えればいいというふうになっているんだけど，実はなぜ漢字を学ぶかというところにつながっていない。
齊藤 漢字練習もひどいですよね。先に木偏だけ全部書いて，そこに，寸，寸，寸って書いて，村を書いたことにしてね（笑）。
奈須 問題はそれでも書けるようになって，しかもそれで点が取れるようなテストをやってきた。
鶴田 そうです。
奈須 そこから変えていかないといけない。

本物のプロセスを垣間見せる授業へ

コンテンツの吟味と精選が大事

池田 今の話もそうなんですが，コンピテンシー・ベイスとなると，教育方法が変わってくる。講義式ではどうしたって無理で，授業の基本が課題を与えて協同で解決する，タスク・ベイスにならざるをえない。

そこでは議論が必要だし，対話も必要だし，作業や考える時間も必要だから，時間的な余裕が不可欠なんだけど，すると教える内容について，知識を網羅的に与えるというやり方を見直さないと成り立たない。まあ，1つのスローガンは"レス・イズ・モア"という考え方ですよね。量はとにかく減らすんだけど，その分，深く考えさせて定着させるので，より多くのことを最終的には学んでいるという考え方。

丹沢 理科でもそう言います。

奈須 だけど，そうなると何を実際に探究するコンテンツとして選ぶかが圧倒的に大事でね。まさにコンピテンシーとか教科の本質の側から，コンテンツの典型性とか妥当性を吟味して選んでいくという話ですよね。あるいは，コンピテンシーなり教科の本質が，教育方法を介してコンテンツに影響していくと見

ることもできる。ヨーロッパだと，すでにそういうカリキュラムになっている？
池田 なっていますね。そこで，これは江間先生にうかがいたいんですけど，オランダで見た授業，中学1年のもう本当に学年当初の1時間目の授業なんですが，いきなり歴史とは何かというところから入るんです。

まず，歴史というものは2つあって，書かれた歴史と書かれてない歴史なんだというんですね。我々が知っているのは書かれた歴史だと。その上で，書かれた歴史というのは2つあって，プライマリー・ソースとセカンダリー・ソースと言っていたんですけど，要するに当時書かれたものと，後から歴史家が書いたものだという，それを教える。

それも，いろいろなものを持ってきて，たとえば何とか神殿といった建物は書かれたものじゃない。あるいは，書かれたものでも教科書や歴史書は2次資料ですけれど，当時の新聞だとか手紙などの1次資料を示して，歴史とは何かを考えさせる。そういうところから，まず入っていく。

要するに，ヨーロッパ型の歴史の授業というのは，歴史をどう見るかが根底にあるんだなと思ったんですね。その目を養ってから，個々の歴史的な事件をやっていく，そういうシラバスになっているのかなと。
江間 日本の場合は，歴史研究の結果出てきたものをコンテンツとしてどう教えるかという発想が強くて。すると，まずはその結果を覚えないとだめみたいな感じになる。また，通史の内容構造が強くて，昔から今へという時間的順序で，時代区分ごとに，政治・経済・文化と包括的・網羅的に学んでいくから，全体をやらないと意味がない。つまり，問題史みたいな形にはなりにくい。だから，近現代まで行き着かないとか，小中高と同じようなことを繰り返すという批判が出てきてしまうわけです。

ただ，最近はずいぶん変わってきていて，教科書の中にも「歴史に挑戦」みたいな，1次資料を提示し，それについて考えさせるページもあって，推理小説のように，プロセスを垣間見させる工夫もなされています。

もっとも，問題はそれをどう扱うかで，「そこは読んどけ」みたいに飛ばす先生もいらっしゃるので（笑）。やっぱりそこには，歴史を学んで何を身に付

けさせたいのかが反映されてしまう。特に中高の歴史の先生は自分が歴史が大好きだから，歴史を面白くわかってもらいたいんですよ。けれども，教室の中には歴史を嫌いな子も必ずいる。すると，そういう子たちにも，学ぶ価値はあるんだというのを垣間見させる必要があると思うんですけど，なかなかそうはならないというようなところはありますね。

　あるいは「歴史への扉」みたいな形で，たとえばヨーロッパだったら，時間は最初教会が鐘で知らせたけれども，それが市庁舎の大時計に移ってきたとか，そういう興味深い社会史研究みたいなものを教科書に入れたりもしています。ただ，残念ながら，それも何のためにそういうページが入っているのかという意味が十分には伴っていないから。

池田　トリビア的な楽しさはあっても，本質的じゃないですよね。

江間　ない。だから，そういう日常生活のことをなぜ歴史研究者がむきになって明らかにしてきたのかという，その価値と一緒に教えてあげれば面白い授業ができると思うんですけど，なかなかそうはなっていない。

池田　プロセスなんですよね，結局。

奈須　あるいは，そのプロセスをなぜ教科書に載せてあるのか，その意味をメタにちゃんと書かないと。

結果だけでなく本物の「プロセス」を示せば，社会科はもっと面白くなる

丹沢　どうして社会科ではそういう議論が主流にならないんですか。

江間　みんな社会科ができる人がやっているからだと思いますけど（笑）。

丹沢　いや，理科だってそうだと思いますけど。やっぱり，歴史学の研究手法って何なのかとか，地理学の研究手法って何なのかということをやった方がいいと思いますよね。

江間　わかってないところをわかるようにした，そのプロセスを示せばいいんですけど，わかった結果を書いちゃうので。

丹沢　だから面白くないですよね。

江間　面白くないです。

丹沢 僕なんかすごく社会科に対する親近感というか，近い教科だなといつも思っていて。数学よりずっと社会科との方が似ているって。

奈須 理社が似ているんですよ。いわゆる内容系だから。

丹沢 だけど，社会科はプロセスをあまり重視しないので，前からすごく不思議に思っていて。

奈須 小学校の3～4年生はプロセス重視だけどね。

江間 それはもう，フィールドワークに出ますから。

奈須 でも，なぜか高学年に上がった途端に。

江間 5年生からですね。

丹沢 まさに，その時期にこそメタ的に，そういう3～4年生でやってきたプロセスを振り返ることが大事だと思うんですけど。

江間 本来，問題解決学習でずっとやってきたはずなのに，5年生ぐらいからもう問題でなくなっちゃうというか。何か結果に行き着くための問題が，結果から逆算されて作られるみたいな，変な問題解決になる。

奈須 どうやってこの知識をわからせるかのための問題みたいな。

江間 すると，子どもたちは合理的ですから，答えが透けて見えるものは真剣には考えないということになります（笑）。

奈須 理科だとなぜ実験なり観察をやるのかというのは，わりとわかってやっているし，プロセスを大事にしてきたじゃないですか。

丹沢 まあ，そのプロセス自体にも，不満はあるんですけどね。さらに，何のために実験・観察をするかという位置づけが大事なんですけど，一般的な高校でよくあるのは，「こうですよ」という話をして，「じゃあ，本当にそうなりますかね」と言って，ただ単にやるだけ。

奈須 論理が逆ですよね。全然，科学的じゃない（笑）。

丹沢 だから，そんなこといくらやったってしょうがなくて。

奈須 いっそのこと，同じ現象を説明できる理論を2つ作って，いずれかの可能性をつぶすような実験をやれば，それが一番，科学の現場の営みに近いというか，本質的なんだけど，そんな授業は。

丹沢 ないです。

奈須 まあ，難しいでしょうね。でも，そんな経験が1回でもできれば，それこそ科学という営みの本物のプロセスですから，教科を学ぶ醍醐味が感じられて，教科が好きになると思うんですけどね。

⑤ 真に汎用的な能力は具体的な学びでこそ培われる

英語教育におけるコンテンツとは

奈須 プロセスということになると，多分一番しんどいのは英語でしょう。同じ言語でも国語はかなり高度な水準をやるから十分に問題解決になるけれど，英語って本当に初歩をやるから，「どうしてだろう」という問いの立てようがなくて，「だってそうだもん」という（笑）。

池田 そうなんですよ。要するに英語のコンテンツというのは本当にもう言語知識でね。単語，文法，それから発音と，あと最近は談話と呼ばれる文章の作り方とか，そういうものですね。あとはもう4技能なので，それが教える内容なんだけど，理科や社会とは内容の意味合いが違うんです。だから英語の授業は，英語という枠をはずすと，子どもたちはもう何にも考えなくて（笑）。いや，本当ですよ。だから，私はヨーロッパで行われている教育を日本に入れようとしているんですけれども。

奈須 やり方，すっかり変えるんだよね。出発点も変える。

池田 変えないと，もう絶対に無理なんですよね。

奈須 対象について考えて，それとの関係で言語を使った方が本当は身に付くんですよね。

池田 そう。それを英語でどう発信するかとかいうことになるので。まあ，実際はヨーロッパでもそのやり方というのは実践が始まって，実証研究が行われてから10年ぐらいの蓄積しかないのですが。

丹沢 非英語圏でもあるんですか，そういう試みというのは。

池田 非英語圏でやっているんです。イギリスというよりも，ヨーロッパの各国ですでに始めている。英語と教科を結び付けて，思考させて，協同学習でやっ

ていく。

鶴田 大学のいわゆる一般教養としての英語も同様でしてね。いよいよ小学校にも本格的に英語が入ってくることもあって，うちの大学の初等教育学科の学生の英語教育をどうするかが課題になっているんですが，もっと教育学を学ぶという観点から英語教育を見直す必要がある。要するに固有のコンテンツと一般的な英語能力とを結び付けた形にしてやらないと，学ぼうという気も起こらない。現状では高校と同じことをやっていて，リメディアル教育みたいな感じになっている。

そうじゃなくて，英語を学ぶことの意味を考えたときに，教師になる学生がどういう英語を学ぶかと考えると，当然，教育関係の文献や記事を読んで議論したりとか，そういった形になりますよね。そうしないとやっぱり身に付かないんじゃないかと思います。

池田 もう大学レベルでは明らかに破綻しているんですよね。

奈須 やはり深い意味処理をしないと身に付かない。

池田 そうなんです。だから，自分の専門とか興味のあるものについて，英語で読んだり聞いたりして知識をまず得て，それについて考えて，さらに話したり書いたりするという，これが一番身に付く。

汎用的な力はプロセスで学ばないと転移しない

江間 たとえば現状でも，中学3年生ぐらいになると「日本文化を紹介しよう」みたいな単元があって，すると単語や構文という意味では非常に単純な，たとえば風鈴を紹介しようといったら，まずは「リッスン」，それに続いて，チリリーンと鳴らすとか（笑）。

でもその方が，材質は何でできているかとか，どういう形状をしているかを説明するよりも，風鈴の音のよさはよく伝わるわけで，コミュニケーションとしては優れている。それまで，長い文章で説明するのがいいんだみたいに思い込んでいたのが，こういうことでモードが変わると，英語学習の概念すら変わると思うんですね。ただ，こういった活動が3年生ぐらいにしか設定されてい

ないのがもったいないというか，1年生の夏休み明けぐらいでも，できると面白いなと思うんだけど。
池田 1年生でもできますよ，もちろん。
奈須 問題は，そのリッスン，チリリーンというのが，それは英語力じゃないだろうと言う人が必ずいてね。
池田 でも，それが本当のコミュニケーション力ですよね。それを見ながら簡潔な言葉で，何も小難しいことを言わなくても，説明を加えればいいので。

　逆にいうと，大勢の人がTOEICをやっているんですが，英語が使えるようになっているかというと，全然なっていないんですよ。あれ，形を変えた受験勉強なんです。本屋さんに行ったら，どうやって点数を上げるかというのばっかり。勉強の中身も，単語を覚えて，問題演習をやって。それで点数は上がるかもしれないけれど，それこそA問題なんです。でも，英語におけるB問題というのは，実際，社会で使うということでしょう。それをプロセスで学んでないから，全然転移しない。

奈須 かつて，デューイの問題解決を形式的な手順として練習した学校があったけど，もちろん全然だめでね。汎用的な力を付けるためには，逆に極めて特殊的な文脈で，具体的なタスクに対して，深く自我関与して，本物のプロセスをたどる必要があるんです。さらに，そこで経験したことの意味を1段抽象化して，メタに洞察するところまで持っていく。まあ，それを僕は教師が明示的に教えちゃってもいいと思うんだけど。そして，そんなことを複数の異なる文脈でやっていく中で，似ていることと似てないことが発見されて，それでようやく汎用的になる。これが大事。

　でも，この話は文科省でもよく出ますよ。このあたりは学習科学の人たちがしっかりと研究してくれたから，いわゆる領域固有という話と，汎用という話が結び付くようになった。各教科の特殊的なタスクに根ざしながら，汎用を目指すという筋道。そのためには，ただ特殊的なタスクをばらばらにやってちゃだめで，構造的，戦略的に見通しを持ってやっていく必要がある。ここに，カリキュラムで考える必然性が出てくるし，そこから逆算して各教科にお願いし

たいことも浮き彫りになってくるといいなと思っているんですけど，実際の作業はなかなかに難しいんだということが，今日の議論で改めてよくわかりました（笑）。

❻ 時代を超越した本質的にして挑戦的なモチーフ

国語科が育てる資質・能力と他教科との連携

江間 鶴田先生に教えてほしいんですけど，社会科で資料をもとに論証するというようなコンピテンシーを育てようと思ったとき，引用の技法って決定的に大事なんですよ。これ，国語で教えますよね。

鶴田 平成20年改訂の学習指導要領で小学校3・4年の「内容」に入りました。

奈須 入ったということは，これまではやってなかった（笑）。

鶴田 これまでも要約はあったんですよ。ところが，引用という学習がほとんどなかったので，多分ここにいる先生方も，学生のレポートや卒業論文で，自分の意見か他人の意見かわからないような文章を読まされることが多いと思います。だから，非常に大事な部分ですよね。

　PISA型読解力の中にも「情報の取り出し」というのがあって，まず自分の意見を述べるときは引用をきちんとやりなさいよということだし，そのあたりを，まずは国語科できちんと指導する。もちろん，他教科でも関連してやるんだけど，先ほどの齊藤先生の整理で言うと「国語での学習が基本となる資質・能力」になるんじゃないかと思います。

奈須 そうでしょうね。同じ引用作業でも，教科が違ってくると扱う特質が違うから，その様相も多少変わってくるという。

鶴田 と思いますね。

池田 引用の仕方そのものよりは，概念ですね。剽窃をしないという。すると国語だけじゃなくて，全教科でやらなきゃいけないですよね。日本では，いろいろな本を適当にまとめて出せば，それでレポートになるという，そういう教育がずっと高校まであるから，大学もその延長でいいと思って。すると最悪，学術論文や学位取得を巡る不祥事にまで発展してしまう。だから本当，そうい

う教育を小学校のうちからやらないと。少なくとも先進国はみんなやっていますから。

奈須 あと,読むのに対して書くのが当然,弱くなりますよね。

鶴田 そう,おっしゃる通り。その点,アメリカの作文教育はすごいですね。これは渡辺雅子さんの『納得の構造』という本の中にあったんですが,4コマ漫画を見せて,「ジョンにとって,この日はどんな1日だったか」ということを書かせる。すると,日本の小学生は無条件に,コマを1つずつ,最初はこう,次はこうって時系列的に書いて,それで終わりなんですよ。

ところが,アメリカの小学生は,まずこういう質問が出たというんですね。「先生,これはエッセーで書いたらいいんですか。それとも,物語で書いたらいいんですか」。エッセーというのは論理的な文章ですね。まず,その部分から日米で違っているというんです。つまり,自分の文章を書くときに,ジャンル意識があるかどうかということですね。

日本の子どもはそういったことは考えないですね。ただ,何となく物語的,時系列的に書いちゃう。つまり,日ごろの読むことの学習の中で,すでにそういうことを日ごろからやっているかどうかというわけですよ。

池田 日本でやっているかどうかは別として,英語教育でも,世界的には,必ず,まずはこのテキストの目的は何かと考えますよね。その次に,書かれた対象は誰かと。読むときも書くときも,常にその意識でやっていく。

鶴田 日本は,そこが非常に弱いんですよ。いつでも同じような文章を書いちゃうみたいな感じでね。だから,目的意識,相手意識,方法意識といったことが,日本でも学習指導要領にだいぶ入ってはきましたけど,まだまだ弱い。そこは,アメリカの作文教育に学ぶべきところが多いですよね。

奈須 そしてさらに,国語科で培ったそういった意識や技能が,さまざまな教科でどんどん使われていく。各教科がその特質に応じた役割をしっかり果たすと同時に,教科の横の連携が闊達になされることが,やっぱり大事なんですね。

コンピテンシー・ベイスの復権へ

齊藤　まあ，そうなんだけど，本当はもっとやらなきゃだめだよね。
奈須　え？
齊藤　妥協の産物。要するに親学問を後ろ盾にした教科目があるから，だから「何とかの教科では…」という話に常になる。どうしたってスタート論がそこなものだから，ボトムアップでいくのかトップダウンでいくのかってあの議論からして，そもそも妥協の産物だと思っているんですよ。
　上越市の大手町小や，かつて私がいた横浜市の大岡小なんかでも，資質・能力ベイスでやるとしたら，本当はスタートからすっかり違ってくるはずなわけ。そもそも理科は，国語科は，社会科は，と言っていること自体，もうその発想の前提がコンテンツだからね。どこか限界がある。
奈須　大岡小は，今は生活科・総合の研究校として有名だけど，齊藤先生がいた頃は，完全なコンピテンシー・ベイスでカリキュラム全体を組み立てていましたからね。
　年間指導計画にも時間割にも教科目名がなくて，「深め学習」とか「はげみ学習」といった子どもの活動目標区分をカリキュラムの枠組みにして，その中で子どもに期待する資質・能力をある程度描き，あとは目の前の子どもの様子を見ながら日々カリキュラムを編み出していく。とはいえ，普通の公立学校でしたから，学習指導要領と実際の授業実践の対応表をつくって，内容についてはそれで押さえていくという発想だったんだけれども，現実的には先生たちがなかなかついてこられない。ダウンしちゃう。
丹沢　それ，小学校１年生からやったんですか。
齊藤　そうですね。
奈須　無茶な学校だったですよ（笑）。
丹沢　何かデューイの実験学校みたいですね。
奈須　近いですね。ちょっと時代的に早すぎたのかもしれない。
齊藤　時間割もなかったですから。
奈須　だから，参観者はみんな総合だと勘違いする。やっているのは，本来の意味での教科そのものなんだけど，表面的な活動や子どもの様子が教科的では

ない。一緒にやっていて面白かったですけどね（笑）。

齊藤 まあ，そうですね。面白かった。

奈須 枠組みが通常の教科じゃないということでは，明石の附属も社会機能法で生み出したスコープだから。言語とか数理。

江間 奈良女附属小の「けいこ」も教科的ではあるけれど，ねらっているのは大正期以来の「学習法」。自律的にちゃんと学んでいける力を育てることが目標で，そのために内容を使っちゃえという方向ですよね。

奈須 奈良の「学習法」は，明らかにコンピテンシーでしょう。

齊藤 当時の大岡小は，昭和26年の学習指導要領（試案）の発想なんですね。だから，私は先ほどのブルーナーの復権じゃないけど，もう1回，26年を正しくやれば，というあたりに戻るのかな，なんてね。そんな風には思っている。

奈須 いや，26年のシナリオを本当にちゃんとやれば，全部解決するんですよ。そう思っている人は，案外と多い（笑）。

　なぜなら，26年は結構コンピテンシー・ベイスだったから。一方，現在の学習指導要領，とりわけ教科等の枠組みや各教科内部の構造を生み出したのが昭和33年版で，こちらはガチガチのコンテンツ・ベイス。もっとも，高度経済成長に向かう当時の日本は典型的な産業社会だったから，それはもう必然。少なくとも国家や経済界にとってはね。それが半世紀以上の時を経て，さすがに制度疲労を起こしているというか，硬直化して時代に合わないから，抜本的に改革しようという話になっているわけです。

　すると，心ならずも志半ばで強制退場させられた26年版の中に可能性を見ようとするのもまた，ある意味必然で，しかも26年版は圧倒的に完成度が高いときている。なんたって，社会科なんて上田薫先生ですからね。

　いずれにせよ，コンピテンシー・ベイスとか教科の本質というのは，教育を考えたり創り出したりする上で，時代を超越した，本質的にして挑戦的なモチーフで常にあり続けているんだと思います。そんなわけで，今回もどこまで行けるか，まあ，ダウンしない程度にやってみましょう（笑）。

第Ⅱ部

各教科の本質と
コンピテンシー・ベイスの
授業づくり

第3章

国語科

「根拠・理由・主張の3点セット」で論理的思考力・表現力を育てる

鶴田清司

❶ 基本的な立場――コンピテンシー・ベイスとコンテンツ・ベイス

　奈須正裕氏は，本書の第1章において，「育成すべき資質・能力を踏まえた教育目標・内容と評価の在り方に関する検討会」の「論点整理」（2014年3月）における「学力の三層構造」に論及して，「コンピテンシー・ベイス」の教育を構想する手がかりとしている。

> ア）教科等を横断する汎用的なスキル（コンピテンシー）等に関わるもの
> 　① 汎用的なスキル等としては，例えば，問題解決，論理的思考，コミュニケーション，意欲など
> 　② メタ認知（自己調整や内省，批判的思考等を可能にするもの）
> イ）教科等の本質に関わるもの（教科等ならではの見方・考え方など）
> ウ）教科等に固有の知識や個別スキルに関するもの

　この三層構造は1つの枠組として有効である。ただ，ア）イ）ウ）は十分に整理・構造化されているとは言えない。例えば，ア）で「問題解決」「論理的思考」「コミュニケーション」が並列されているが，「論理的思考」は「問題解決」や「コミュニケーション」の基盤能力であるから，当然，階層化されるべきものである。また，ア）イ）ウ）に截然と分類しにくい能力もある。
　しかし，「汎用的なスキル（コンピテンシー）」「教科の本質（教科ならではのものの見方・考え方）」「教科に固有の知識や個別スキル」という三層構造は

一定の有効性を持っている。本稿でも、ひとまずこれに依拠して、国語科において「コンピテンシー・ベイス」の教育をどのように進めていくべきかについて考えることにしたい。

そのまえに私の基本的な立場を明らかにしておく。

「コンピテンシー・ベイス」の教育については、最近の PISA 等の学力調査の結果から、大いに必要であると考えるが、だからといって、けっして「コンテンツ・ベイス」の教育が不要ということにはならないということだ。この点は奈須氏も注意を喚起している（本書 p.26）。

実際、文部科学省の全国学力・学習状況調査では、A 問題ができないと B 問題もできない（B 問題ができる児童・生徒は A 問題もできる）。コンテンツとしての基礎的な知識・技能を身につけていないと、それらを総合的に活用して実際の問題解決にあたることができないのである。B 問題が応用問題と言われるゆえんである。

また、IT 時代を迎えて、「漢字の読み書きは電子辞書に譲るべきである」とか「計算は電卓に任せるべきである」といった主張が一部に見られるが、この考え方は間違っている。

国語教育の観点から述べると、語彙や漢字は学習者の頭の中にあるという状態が国語学力の基本である。平たく言えば、「ことばをたくさん知っている」ということである。いつでもどこでも必要に応じてすぐに適切なことばを取り出せるかどうかがポイントである。もちろん人間の記憶には限界があるから、未知のことばを調べるためにスマホ（スマートフォン）を活用するということも必要になる。しかし、いちいち何から何までスマホで調べるというのは非実際的であり、非効率的である。語彙力や漢字力（国語科固有のコンテンツ）は ICT 活用力（汎用的なコンピテンシー）に取って代えられるものではない。計算にしても、簡単な四則計算ぐらいは自分の頭でできないと不便だし、そもそも数の感覚をつかむために必要不可欠だと言われている。これも「コンテンツ・ベイス」の教育が必要であることの例証である。

こう考えてくると、これからの教科教育にあたっては、汎用的な能力として

の「コンピテンシー」と教科固有の「ものの見方・考え方」「知識・スキル」との共存的・協働的関係が必要になってくることが理解されよう。現在，文部科学省が推進しようとしている「アクティブ・ラーニング」も，基礎的な言語知識・技能の指導がおろそかになると，活動だけが独り歩きして，底の浅い活動に陥る恐れがある。

❷ 国語科におけるコンピテンシー・ベイスの教育

(1) 現状と展望

　国語科教育を概観してみると，従来の学習指導要領レベルでは，発音・発声・文字・表記・言葉遣い・文法・文章構成などの指導事項を中心に「コンテンツ・ベイス」の教育が主流であった。

　「コンピテンシー・ベイス」の教育，特に各教科共通の認識諸能力を育てるという数少ない研究・実践としては，文芸教育研究協議会の「教育的認識論」に基づく取り組みがある。理論的指導者である西郷竹彦氏は，「ものの見方・考え方・表し方」を教えるという立場から，小学校では「観点」「比較（類比・対比）」「順序，展開，過程，変化，発展」「理由・原因・根拠」「類別」「条件・仮定」「構造，関係，機能，還元」「選択・変換」「仮説・模式」「関連，相関，類推」，中学校・高校では「多面的・全一的・体系的」認識，「論理的・実証的・蓋然的」認識，「独創的・主体的・典型的」認識，「象徴的・虚構的・弁証的」認識という関連・系統指導案を示してきた（西郷，1989）。

　浜本純逸氏の国語学力論においても，こうした「認識諸能力」が「自己学習力」の下位概念として位置づけられている（浜本，1997）。また，私の国語学力論でも，国語科固有のコンテンツを〈教科内容〉と呼ぶとともに，各教科を超えたより広いコンテンツを〈教育内容〉と呼んで区別してきた（鶴田，1999；2010a）。

　今後は，教科間の連携・協力を進める上でも，各教科によって異なる〈教科内容〉の部分と各教科に共通する〈教育内容〉の部分とを区別することが前提である。その上で，「教科の本質からコンピテンシーに迫る」という本書のコ

ンセプトにしたがって，〈教科内容〉と〈教育内容〉を結びつけることが必要になってくる。国語科では主として，各教科の基礎となる日常的・一般的レベルのリテラシー（読み書き能力）や認知スキル，コミュニケーションスキルの育成を担うことになる。

本稿では，特にア）の「教科等を横断する汎用的なスキル（コンピテンシー）」として，「根拠・理由・主張の3点セット」を取り上げてみたい。

(2)「根拠・理由・主張の3点セット」

論理的思考のツールとして，私は，トゥルミンの論証モデルに基づく「根拠・理由・主張の3点セット」が有効であると考えている。

よく知られているように，トゥルミンは，議論の強さを次の6つの基本要素から分析している（Toulmin, 1958）。

- ・主張（Claim）　　　　結論
- ・事実（Data）　　　　ある主張の根拠となる事実・データ
- ・理由づけ（Warrant）　なぜその根拠によって，ある主張ができるかという説明
- ・裏づけ（Backing）　　理由づけが正当であることの証明
- ・限定（Qualifiers）　　理由づけの確かさの程度
- ・反証（Rebuttal）　　　「～でない限りは」という条件

これを単純化すると，次のようになる（図3-1）。

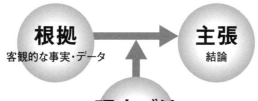

図3-1　根拠・理由・主張の3点セット

これは一般に「三角ロジック」とも言われ，これまでにもディベートの指導などに活用されてきた。ポイントは「根拠」となる客観的な事実・データとそれに基づく「理由づけ」（事実・データの推論・解釈）が妥当かどうかである。私がそれを「根拠・理由・主張の3点セット」と呼ぶのは，英語と違って，日本語では同義的に使われている「根拠（evidence）」と「理由づけ（reasoning）」を区別することが重要だと考えるからである。

　実際，現在の国語教科書を見ても，「根拠」と「理由」は同じような意味で使われている。しかし，英語ではその違いは明瞭である。「根拠」とは「証拠資料」のことである。そして，それがなぜ主張を支えることになるのか，どうしてその証拠資料からその主張ができるのかを説明するのが「理由づけ」である。言い換えると，主張と根拠をリンクさせるのが「理由づけ」の役目である。根拠となる事実やデータをあげるだけでは，論証にならないのである。

　ディベート大会の審判をすると，証拠資料をたくさんあげるだけで自分の主張が通ったかのような立論をするチームがときどき見られる。例えば，「○○総研の○○氏は次のように述べています。引用開始。『サマータイム制導入による経済効果は年間○兆円』。引用終了。したがって，肯定側の主張する『日本経済の発展』というメリットが発生します。」といった立論である。これは文献を部分的に引用しただけで，自分の言葉や論理による「理由づけ」が欠落している。確かに「データそのものが語る」というケースもあるが，複雑な議論になってくると，それだけでは専門的な知識を持たない審判や聴衆は肯定側の主張が本当に妥当かどうか判断することができない。例えば，依拠する証拠資料を詳しく吟味し，なぜそのデータを選んだのか，その確かさはどうなのか（データの妥当性，信頼性），さらに私たちの日常生活においてサマータイム制によってどんな消費拡大が生じ，それが日本経済の発展にどうつながるのかということを自分の言葉で具体的に説明することが必要である。そうすることによって説得力が増してくる。

　論理的思考力・表現力の育成にとって，「理由づけ」は最も重要であるが，最も困難な課題でもある。実際，先のディベートの立論に限らず，「根拠」は

あげることができても「理由づけ」ができない子どもたちが多い。

　大学生でもそうである。例年，教員採用試験が近づくと，学生の模擬面接が行われる。X県の受験者を対象にした模擬面接でのことである。

　「どうしてあなたはX県の教員になりたいのですか？」と型通りの質問をした。すると，その学生はこう答えた。

　「X県は全国各地から教員をめざす学生が多く集まってくるからです。」

　この学生は非常に成績優秀であるが，これ以上の答えは返ってこなかった。これでは，なぜX県を受験するのかという理由がわからない。

　確かにX県は全国各地から教員をめざす学生が集まってくる。地元の教員採用試験が狭き門であるため，倍率的により可能性の高いX県を受験するのである。実際，X県以外の出身の教員数は多い。これは客観的な事実である。しかし，これだけではX県を受験する理由にならない。全国各地から教員が集まることがなぜよいのか（自分にとってもX県にとっても）を説明しなくてはいけないのである。例えば，こうである。

　「全国各地のさまざまな文化・習慣や教育経験を交流することができて，教師としての視野が広がったり，授業観が豊かになったりすることになり，教師として自分をもっと成長させることができると考えたからです。」

　根拠となる事実を解釈して受験理由を明確に述べている。採用する側としては，これが一番聞きたいことであろう。

　国語科は，ことばによる思考力・表現力（全教科の基礎）を育てるのが使命である。他教科に先んじて，こうした能力の育成に取り組んでいく必要がある。

(3) 他教科での活用事例

　次に，汎用的なスキルとしての「根拠・理由・主張の３点セット」が国語科以外の教科でどのように教えられているか見ておこう。

・・・・・・・・・・・・・アメリカにおける理科教育・・・・・・・・・・・・・

　アメリカの理科教育の分野では，近年，「トゥルミン・モデル」を用いた科学的説明・議論を通して科学的なリテラシーを育成しようとする研究が盛んで

ある。それによると，高校段階でも，「根拠」はあげることができるが「理由づけ」ができない生徒が多いことが明らかになっている。

　サンドバルとミルウッド（Sandoval & Millwood, 2005）の研究によれば，高校生物の授業で，ダーウィンの進化論（自然淘汰説）に関する２つの問題（①ガラパゴスフィンチはどのようにして災難を切り抜けてきたか？　②結核菌はどのようにして抗生物質への耐性を発達させてきたか？）に対して，グループごとに自分たちの考えを説明するという課題が与えられた。主張のための「根拠」となるデータをテキストに結びつけるための支援ツールを使って説明文を書いたのだが，それでも多くの生徒たちは「理由づけ」ができなかった。例えば，②ではデータを載せただけの説明文が全体の84％を占めた。

　一方，マクニールとクライチク（McNeill & Krajcik, 2011）の研究では，小学校高学年から中学生の傾向として，主張を支える根拠として，自分が集めたデータを使わない事例が多いと指摘されている。例えば，「ラードと石鹸は同じ物質か」という問いに対して，ブランドンという子ども（小学校５年生）は，最初に次のような説明文を書いた（p.5）。

> ラードも石鹸も物である。しかし，それらは異なる物質である。ラードは料理に使われ，石鹸は洗濯に使われる。ともに私たちが毎日使うものである。データ表はそれらが異なる物質であることの根拠である。もしあなたが正しいデータを持っていれば，それらが異なる物質であることを示せるだろう。

　この説明文は，主にラードと石鹸の使途（料理と洗濯）について書いているだけで，データ表の情報についてはまったく触れていない。根拠を明確に提示したうえで，なぜそうした特性が「ラードと石鹸は異なる物質である」という主張の根拠となるのかを記述しなくてはならない。

　次に，授業で「トゥルミン・モデル」による科学的説明の方法を学んだ後に，ブランドンが書き直した説明文を見てみよう（p.6）。

> ラードと石鹸は異なる物質である。ラードは白くベトベトしているが，石鹸は乳白色である。ラードは軟らかく，石鹸は硬い。ラードは油に溶けるが，石鹸は油に溶けない。石鹸は水に溶けるが，ラードは水に溶けない。ラードは融点が37℃であるが，石鹸は約100℃である。ラードは比重が0.92g/cm³であるが，石鹸は0.84g/cm³である。これらはすべて物性（properties）である。ラードと石鹸は異なる物性を持っているので，異なった物質であるということがわかる。

今度は，科学的な根拠（色・硬さ・溶解性・融点・比重に関するデータ）をきちんとあげて，それらの物性がラードと石鹸でいかに異なっているかを述べるとともに，最後に，なぜこうした根拠が自分の主張を支えているかという「理由づけ」を述べている。

こうした科学的説明力は，「適応力」「複雑なコミュニケーション能力」「未知の問題解決能力」「自己マネジメント」「システム思考」などの点で「21世紀に求められるスキル」であるとともに，「主張を支える根拠の利用」や「論理的な推論」「他者の説明に対する検討や批判」などの恩恵を与えてくれるとマクニールらは述べている。また，「教科内容を超えてリテラシーを関連づけ，論理的に書くための機会を与える」とも述べている。そして，科学的説明ができるようになるための次のようなフレームを提示している（図3-2）。

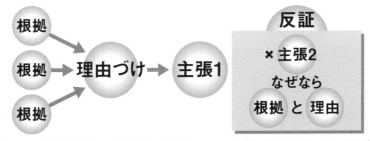

図3-2　科学的説明ができるようになるためのフレーム（McNeill & Krajcik, 2011）

マクニールらは，これを小学校段階から系統的に指導していくことを提唱している。もちろん，いきなり「反証」までは行かなくてもよい。まずは「主張・根拠・理由」，それから「より複合的なデータの利用」，「より複合的理由づけ」，

そして「反証」というように，基礎から発展へのカリキュラムに基づいて習得・活用を図っていこうとしている。

また，指導上の留意点としては，①「主張」や「理由づけ」といった概念・用語は日常生活の事例に即して説明すること（例えば「ブレット・ファーヴは今までで最も優秀なクォーターバックである」というように，生徒の日常的なレベルの既有知識とフレームを結びつけること），②授業だけでなく，日常生活においても説明や議論をするときに上記のフレームと用語を繰り返し適用しながら習得していくことが必要だと述べている。

アーギュメント社会科におけるディベート

日本の社会科教育の分野では，「アーギュメント社会科」という名称のもとで，「市民的資質」としての「意思決定」「合意形成」「社会形成」をめざすために，「トゥルミン・モデル」を援用した価値判断に基づくディベートの学習が盛んに行われてきた。

佐長健司氏は，これまでのディベートの学習がうまく行われなかった原因として，教師による適切な反論指導が行われなかったことをあげている。そして，「東京の首都機能を移転すべきである」という論題に基づいて行われたディベートの授業を検討して，具体的な反論の方法を指導する必要性を指摘している（佐長，1999）。特に「論証型」の反論（相手の主張が正しい推論によって導かれたものではないことを証明するタイプの反論では，「トゥルミン・モデル」に基づき，相手の「推論」の妥当性を吟味すべきであると述べている。

例えば，否定側の立論で，東京で大地震が起こっても混乱は起きない（だから首都機能を移転すべきでない）と主張したとき，その論理構造は次のようになっている。

データ	1989年のサンフランシスコ大地震では混乱は起きなかった。
↓ ← 理由づけ	東京の場合とサンフランシスコの場合は似ているから。
主 張	大地震が発生しても，東京では混乱は起きない。

佐長氏によれば、「サンフランシスコ大地震では、混乱は起きなかった」というデータ（根拠）の部分を否定する反論も考えられるが、むしろ推論（理由づけ）の部分を否定する反論が重要であるとして、次のような問題を指摘している。つまり、東京もサンフランシスコも人口の集中する大都市であるという点は同じであるが、人口密度、歴史、建物のつくりや敷地面積、首都機能の有無などの点で異なっているということである。こうした点を考慮すると、東京とサンフランシスコを同一視することの問題点が浮かび上がってくる。まさに、「理由づけ」の妥当性を吟味することによって、「東京とサンフランシスコを同じように考えることはできない」というように、相手の主張に対する反論が適切に行われるようになるだろう。

(4) 国語科における理由づけのポイント

　以上の事例から、どの教科でも説得力のある主張をするためには、根拠となる事実・データをあげること、そして、それを自分の既有知識・経験と結びつけて解釈すること（理由づけ）が大切であるということがわかる。

　もちろん教科固有の課題もある。理科の分野で「トゥルミン・モデル」を用いた科学的説明・議論の研究では、理由づけの妥当性の「裏づけ」として科学的原理・概念を持ち出すことが重視されている。先のブランドンの事例でも、「物性」という概念が説明の中で使われていた。これは、日常的なレベルのリテラシーとは異なる、科学的リテラシーの問題と関わっている（鶴田、2010b）。

　しかし、国語科で育成すべき読解力・表現力の観点から見ると、理由づけにあたって必ずしも学問的な「裏づけ」は必要ではない。むしろ、日常的なレベルの議論では、理由づけが身近な生活経験に基づいて具体的に述べてある方が、聞き手は「なるほど」と共感・納得しやすい。

　よく考えてみると、科学的な説明や議論を行うときでも、純粋に科学的な原理・概念を裏づけに使うだけでなく、自分たちの身近な生活経験を持ち出してくることが有効になる場合がある。

　高垣マユミ氏は、小学校4年生の理科の授業で、「止まっている車（A）に走っ

てきた車（B）が衝突したときどちらの方に大きな力が加わっているかという学習課題における話し合いの過程を分析している（高垣, 2009）。正解は「作用・反作用の法則」に基づいてどちらも同じ力であるというものだが，子どもたちの多くは自分の素朴概念（衝突後に飛ばされているからダメージが大きい）に基づいて，ぶつけられた車Ａの方が衝撃が大きい（Ａ＞Ｂ）と考えていた。

　最終的に教師はＡとＢにバネを取り付けて，その縮み具合がどちらも同じであるというデータを決定的な根拠にして，Ａ＝Ｂという正解に気づかせていったのだが，話し合いの過程で興味深いことが起きた。Ａ＝Ｂと考えている少数派の子ども（タケ）が，「それは，車じゃなくて人間でやってみて，思ったんだけど（中略）。もし走っている人が，止まっている人にぶつかったら，相当いたいでしょ。」と発言したのである。これ対して，「私もタケと同じ考え。（中略）走っている人が，止まっている人にぶつかったら，ガーンとぶつかってどっちもいたいと思う。」という発言が続いた。他にも，「手をたたくとどっちもいたい」という発言が出て，実際にみんなで手をたたいて確認している。こうした身近な生活経験をもとにした意見が，教師のさまざまな働きかけと相まって，子どもたちがＡ＝Ｂという考えに変容するきっかけとなったのである。

　高垣氏も理科の授業におけるアナロジーの役割を強調しているが，まさに日常的な生活経験に基づいて類推すること（理由づけ）が説得力を高めるのである。宇佐美寛氏も，「論理的＝具体的」という前提に立って，「経験との対応が明確に表現されている」ことが大切であると述べている（宇佐美, 2003）。

　なお，理由づけにおける「類推（analogy）」や「比喩（similitude）」の重要性については，国語科固有の指導領域である文学作品の解釈において顕著である（斎藤, 1978；鶴田・河野, 2014）。

　ここでは長元尚子教諭の「故郷」（魯迅）の授業を紹介したい（鶴田・河野, 2014）。本時の学習課題は，私がルントウと再会した場面で，"「旦那様！……。」の「……」は必要か？"というディベート的な課題である。生徒たちは日頃から，「根拠・理由・主張の３点セット」を使って学習してきている。「唇は動いたが声にはならなかった」「悲しむべき厚い壁」などの表現を根拠に，

自分なりの理由づけをして,「……」は必要であると主張していた。

> 和樹　本当は点線は「シュンちゃん」と言いたかったんだと思います。だけど,私は知事になっていて,ルントウは身分も低いので,身分の上の人に向かって「シュンちゃん」と言うのはいけないかなと思って,「旦那様」と言ったんだと思います。それで,その「……」は本当はシュンちゃんと言いたかったのになあということを表していると思います。

とりわけ何人かの生徒は,自分の生活経験からの「類推」によって,上下関係や身分差という問題を身近な問題（幼なじみ,友達との関係）として捉え直して,「……」に込められた意味を解釈していた。

> たかし　私とルントウの上下関係ということについて,ぼくの経験を交えながら話すと,ぼくが小学校5年生の時,6年生の先輩と仲良く話してたんですよ。でも中学生になったとき,やっぱり周りの先生とか大人から先輩にはしっかりとした態度で話しかけろと言われるじゃないですか。それで中学生になって,2年生の先輩に突然,今までため口で話してたのを「○○先輩」って言ったら,先輩も驚いた様子で,「あれっ」て言ってたので,大げさな話,それに少し近いのかなと思いました。
>
> ゆか　私はちょっと体験ていうか,例で言いたいんですけど。私,ひろむくんと保育園一緒なんですよね（笑い）。で,中学3年生,このクラスになって,久々に見たとき,めっちゃ,ちょっと大人っぽくなったなって思ったんですよ。で,保育園の時めっちゃ可愛くて,「あ,ひろくーん」とか言ってたのに,なんかちょっと絡みづらいなーって思うようになって（笑い）,多分それはルントウと私も一緒で,まえ仲良かったのに,好きなんですよね。好きなんだけど,どうしても変わっているっていう部分で引っ掛かって,まあそこで,まえ故郷が,私は「故郷はもっとずっと良かった,前はこんなふうではなかった」って言ってたじゃないですか。で,会ったときも,やっぱ故郷とおんなじで,「あれ,ちょっと違うなー」って感じてるんで,そこでやっぱ悲しいとか寂しいなとか思ったから,仲良くなれるかなーとかいう不安もたくさんあって,身分というところに着目しました。

「故郷」という作品は今の中学生にとってそれほど親しみやすいものではな

い。昔の中国の話ということで終わるのではなく，自分たちの問題として考える必要がある。そのためにも，自分の生活経験をもとにした読みの交流は意義がある。

そこで効果を発揮しているのが「根拠・理由・主張の３点セット」である。なかでも「理由づけ」における「類推」の働きは大きい。

他の教科における発表・記述・討論においても，こうした点に留意することによって論理的（具体的）な言語活動が展開していくだろう。もちろん，各教科ならではの見方・考え方（イ），教科固有の知識・スキル（ウ）も加味して，汎用的スキルとしての論理的思考を育てる必要がある。例えば，理科では，先にも述べたように，客観的な「実験・観察データ」を根拠にしたり，「科学的な原理・概念」を「裏づけ」に用いたりすることになる。

(5) 国語科における批判的リテラシーの育成

国語科教育において「根拠・理由・主張の３点セット」は，批判的リテラシーを育てるツールとして，先進的な教師たちの間で実践されてきた。

今日の「PISA型読解力」ではテキストの「熟考・評価」が重要な位置を占めている。これは，書いてあることをそのまま受け取るという受動的な読み方ではなく，その意味や価値についてじっくりと考え，吟味するという主体的な読み方である。テキストの「批評」（critical reading）と言ってもよいだろう。自分の既有知識・経験と結びつけながら，筆者のものの見方・考え方，さらに表し方について検討することになる。

「批評」とは全体的な価値判断である。否定的な評価の場合は「批判」になる。ただし，それは単なる非難や悪口ではない。井上尚美氏も言うように，「批判」とは「一定の基準・尺度に基づいて判断すること」であり，「論理的に考えること」は「批判的に考えること」につながるのである（井上，2000）。

その際，根拠・理由・主張の妥当性をチェックすることは大きな意味を持ってくる。説明文教材の授業において重要な学習課題となり得る。

現在，国語教育やメディア教育の分野を中心に，批判的リテラシーを育てる

ための教材開発や授業開発が進んでいる。国語教育界では，情報を吟味するための指標や方法について井上尚美氏や阿部昇氏らの研究がある。その文章吟味のチェックポイントは次のようなものである（井上，2007）。

a　語の用法は明確であるか（語のレベル）
  1　重要な語は定義されているか
  2　用語の意味は一貫しているか
  3　早まった一般化をしていないか
  4　比喩や類推は適切か
  5　語の感化的用法（色づけ）はないか
b　証拠となる資料や事例は十分に整っているか（文のレベル）
  6　証拠となる資料や事例は十分か
  7　その事象を代表する典型例か
  8　隠された資料や証拠はないか
  9　反論の材料となるような反対の立場からの資料や証拠は考えられないか
  10　不適切な資料や証拠はないか
c　論の進め方は正しいか（文章のレベル）
  11　根拠のない主張・結論はないか
  12　隠された仮定・前提（理由・原因・条件）はないか
  13　誤った（または悪用された）理由づけはないか

また今日，国家レベルの課題になっている原発問題に関連した先駆的実践としては，大久保忠利の「コトバ魔術」論に基づく中村敦雄氏の授業が注目される（中村，1992）。中村氏は，高校2年生のクラスで，電気事業連合会の「頼りになる原子力発電」という意見広告を教材化した。生徒たちは「トゥルミン・モデル」を使って，それが，「銀座通りの敷石の花崗岩から出る放射能は人体への影響がないレベル」（根拠）→「銀座の放射能も原発の放射能も同じ」（理由づけ）→「原発は安全だ」（主張）という論理構造になっていることを指摘するとともに，そこに自然放射能と人工放射能の「同一視」という「コトバ魔術」が潜んでいることを見破っている。

国語科教育関係の民間教育研究団体の中で，批判的思考力の育成に最も力を入れてきたのは児童言語研究会である。最近の成果としては『今から始める言語論理教育』（2008，一光社）などがある。

　なお，情報を吟味するにあたって，1つの情報だけでなく複数の情報を集めて比較・検討するという「比べ読み」の方法も有効である。特に近年は，PISAの影響もあって，国語科を中心に「比べ読み」の実践が増えている（鶴田，2010b）。

　要は，1つのテキストを絶対化するのではなく，相対化するということがポイントである。単にどこが違うか比べるだけでなく，読み手の既有知識・経験と結びつけて考えることによって，価値判断や意見形成につながるような授業を仕組んでいきたい。こうして情報の真偽，正誤，適否を吟味することが，おのずと論理的（批判的）な思考力・判断力・表現力の育成につながっていく。

　こうした批判的思考力は，ア）の「汎用的なスキル」の中にある「メタ認知」とも深く結びついている。つまり，自分の文章表現を第三者的な視点からチェックする機能も持つからである。根拠となる事実・データは十分か，その解釈・推論は妥当かどうかをモニタリングしつつ，自分の言語行為をコントロールしていくのである。

❸ コンピテンシー・ベイスの国語科授業づくり

　最後に，先の「学力の三層構造」のうち，イ）国語科の「教科の本質」（ものの見方・考え方）とウ）教科固有の「知識・スキル」についても触れておきたい。国語科は，数学や理科のように，教科の基盤となる学問体系（パラダイム）が明確ではない。文法理論にしても文学理論にしても多種多様であり，どれをもって「国語科ならではの見方・考え方」とするかは難しい。

　まずは言語を「日常言語」と「文学言語」に区分することが有効であろう。前者は，言語論理教育の対象として，主に論理的思考力・表現力，正確な伝達という側面に関与する。後者は，文学教育の対象として，主に文学的認識（異化），想像力，言語感覚の側面に関与する。そこにはレトリック認識（詩的な

ものの見方・考え方）としての対比・比喩・擬人化・象徴・曖昧さ，アイロニー・ユーモア等が含まれてくる。

これは，ことばの「実用的機能」と「美的機能」にも対応している（池上，1984）。

・実用的メッセージ…コード依存―解読―発信者中心，無契性，表示義
・美的メッセージ…コンテクスト依存―解釈―受信者中心，有契性，共示義

こうした2つの観点から，ことばの特性や使い方などに関するメタ言語意識を育てる必要がある。

教科固有の知識・スキル（コンテンツ）については，先にあげた言語に関する指導事項（p.60）をさらに具体化する必要がある。一方，「話すこと・聞くこと」「読むこと」「書くこと」の領域では，言語技術教育のさらなる充実が望まれる（鶴田，2010a）。その際，ことばの「実用的機能」と「美的機能」を核にして学習内容を組み立てる必要がある。

最後に，「教科の本質」や「教科固有の知識・スキル」と調和した形での「コンピテンシー・ベイス」の授業づくりについて考えてみることにしたい。

「鹿」（村野四郎）という詩を取り上げてみよう。

```
鹿　　　　　　　　　　　村野四郎

鹿は　森のはずれの
夕日の中に　じっと立っていた
彼は知っていた
小さい額が狙われているのを
けれども　彼に
どうすることが出来ただろう
彼は　すんなり立って
村の方を見ていた
生きる時間が黄金のように光る
彼の棲家である
大きい森の夜を背景にして

（『亡羊記』一九五九年）
```

旧来の「コンテンツ・ベイス」の教育観に基づくと，作品の主題，場面形象（情景），人物形象（人物像），表現技法（比喩，擬人法，倒置法等），作者についての理解が中心的な学習内容となる。例えば，次のような問いかけが行われ

るだろう。
- どんな情景が浮かんでくるか？
- 鹿を狙っているのは誰か？
- 今、この鹿はどんな気持ちでいるか？
- 「じっと立っていた」と「すんなり立って」との違いは何か？
- この詩にはどんな表現技法が使われているか？　また、その効果は？
- この作品の主題は何か？
- 作者の村野四郎について調べてみよう。

こうした学習も一定の意義がある。しかし、書いてあることを理解するという「読解主義」の授業では、それによって学習者に身につけるべき能力（コンピテンシー）が何なのかはっきりしないという問題がある（鶴田、2010a）。

一方、「コンピテンシー・ベイス」の教育観に基づくと、先に述べたような類推思考による解釈、文学的認識・表現の発見が中心的な学習となる。例えば、次のような学習課題が考えられる。

① この詩における認識の特徴（普通と異なるものの見方・考え方）は何か？
② 自分の生活経験の中から、「生きる時間が黄金のように光る」という経験があるかどうか探してみよう。
③ この詩のどこに感動したか、その要因を分析しよう。そして、本文中の根拠と自分なりの理由に基づいて批評文を書こう。

これらはいずれも「国語科（文学言語）の本質」「国語科固有の知識とスキル」をふまえたコンピテンシーの育成をめざしたものである。

①と③の課題については、テキストに表れた作者のものの見方・考え方・表し方を知ること、そしてそれを評価することをめざしている。特に①に関しては、これまでの「情緒主義」的な詩教育を批判した足立悦男氏の「見方の詩教育」論をヒントにしている（足立、1983）。

足立氏は、詩人の見方（認識）の論理的特徴に着目する。詩人特有の「新しい見方」「刺激的な見方」「異様な見方」すなわち日常的・慣習的なコードの転換・逸脱という文学的な認識・表現の方法（異化の手法）に気づかせることが

目標になる。それが私たちの固定的・日常的な見方をゆさぶり、解き放ってくれるという点で「鋭い現実認識の力」を育てることになる（足立，1983）。

「鹿」という詩の場合は、鹿を「彼」と擬人化して、その内面的な真実を「生きる時間が黄金のように光る」という比喩（直喩）によって認識・表現している点に「異化」の手法を認めることができるだろう。

さらに、「じっと立って」から「すんなり立って」というオノマトペの変化が人物の心理（覚悟，諦め，無の境地）を形象化して、読者の感動を引き起こすという仕組みも指摘できる。こうした様々な作品構造や表現の批評を通して、「美的機能」（詩的機能）についてメタ言語意識を育てることになるだろう。

「美的機能」は狭義の「文学」に限定されるものではない。「発見的な認識」としての「レトリック認識」、あるいは「異化」としての文学的表現という観点から考えると、宣伝コピーやスローガンなどの実用的メッセージにも広がっていく（池上，1984）。単なる情報伝達としての機能ではなく、既存のコードを逸脱することによって言葉そのものに立ち止まらせるという機能である。

さらに、こうした詩の学習は、図画工作（美術）科の学習とも関連してくる。「鹿」の情景をイメージすると、大きな暗い森の夜を背景にして、夕日の中に立っている鹿の姿がクローズアップされる。この遠近法の構図や色彩のコントラスト（対比）がこの作品を印象深いものにしている。芸術批評という点でこうした作品分析法は汎用性を持っている。音楽でも同じことであろう。まさに教科の枠を超えた「コンピテンシー・ベイス」の教育のあるべき姿に他ならない。

②の課題については、テキストを自分の既有知識・生活経験（暗黙知）と結びつけて推論・解釈するという類推思考を促すための問いである。死が目前に迫るという事態を理解することは子どもたちの生活経験レベルでは難しい。そこで類似の経験に置き換えて類推するという思考方法が不可欠となる。例えば、「生きる時間が黄金のように光る」については、遠くに引っ越す親友を駅まで見送りに行き、電車の出発時間がだんだん迫ってきたときの状況（斎藤，1978）、卒業を間近に控えた6年生が残りの学校生活の一日一日を大切に過ごすという状況などが類似の経験として想起されることになる。先の理科の授業

や「故郷」の授業におけるアナロジーと同様の思考方法である。未知の状況に遭遇したときに，人間が「わかる」ということの原点はここにある。こうした教育観にたつと，子どもたちがなぜ国語（詩）を学ぶのか，学びの意義や効用を実感しやすくなるだろう。

　また，いずれの学習課題も「キー・コンピテンシー」としてのPISA型読解力（情報の取り出し，解釈，熟考・評価）の育成を念頭に置いている。もちろん，従来の「コンテンツ・ベイス」の授業でも，文学的認識・表現の解明，根拠・理由を伴う解釈（類推思考）や批評（批判的思考）の学習は行われていた。PISA型読解力の以前から，そうした学習を展開してきた教師も少なくない。しかし，国語科教育全体として，「コンピテンシー・ベイス」の教育に大きく転換していくことが必要なのである。

　本稿では，国語科における教科の本質に基づく「コンピテンシー・ベイス」の授業づくりについて素描した。国語科の各指導領域における具体的な授業デザイン，段階的・長期的な発展系統までは論及できなかった。奈須氏の言う「オーセンティックな学習と明示的な指導の適切な組み合わせ」（本書p.33）は，汎用的な認知スキルとしてのメタ認知の育成とも絡んで，今後の教育方法学研究，国語科教育研究の重要な課題である。例えば，教科学習と総合的学習をリンクして，オーセンティックな課題，必要に迫られてスキルを学ぶ，ないしは学び直すという経験が必要になるだろう。汎用的なスキルをそれだけ取り出して，脱文脈的に訓練しても身につかないということだけは確かである。

■引用・参考文献

足立悦男（1983）. 新しい詩教育の理論. 明治図書.
阿部昇（2003）. 文章吟味力を鍛える：教科書・メディア・総合の吟味. 明治図書.
池上嘉彦（1982）. ことばの詩学. 岩波書店.
池上嘉彦（1984）. 記号論への招待. 岩波書店.
井上尚美編（2000）. 言語論理教育の探究. 東京書籍.
井上尚美（2007）. 思考力育成への方略：メタ認知・自己学習・言語論理〈増補新版〉. 明治図書.

宇佐美寛(2003). 宇佐美寛問題意識集6 論理的思考をどう育てるか. 明治図書.
西郷竹彦監修(1989).〈文芸研〉国語教育事典. 明治図書.
斎藤喜博編著(1978). 続・介入授業の記録. 一莖書房.
佐長健司(1999). 社会科討論授業における反論の指導. 全国社会科教育学会編 社会科研究, No. 50.
髙垣マユミ(2009). 認知的／社会的文脈を統合した学習環境のデザイン. 風間書房.
鶴田清司(1999). 文学教材の読解主義を超える. 明治図書.
鶴田清司(2010a).〈解釈〉と〈分析〉の統合をめざす文学教育：新しい解釈学理論を手がかりに. 学文社.
鶴田清司(2010b). 対話・批評・活用の力を育てる国語の授業：PISA型読解力を超えて. 明治図書.
鶴田清司・河野順子編(2014). 論理的思考力・表現力を育てる言語活動のデザイン中学校編. 明治図書.
中村敦雄(1992). 一般意味論の応用に関する一考察：「コトバの魔術」論を中心に. 全国大学国語教育学会編 国語科教育, 第39集.
奈須正裕編(2014). 知識基盤社会を生き抜く子どもを育てる. ぎょうせい.
浜本純逸(1997). 国語科新単元学習論. 明治図書.
P・グリフィン他編, 三宅なほみ監訳(2014). 21世紀型スキル：学びと評価の新しいかたち. 北大路書房.
R・ヤーコブソン／川本茂雄監修・田村すゞ子他訳(1973). 一般言語学. みすず書房.
Toulmin,S.(1958). *The Uses of argument.* Cambridge University Press(updated ed.2003).(戸田山和久・福澤一吉訳(2011). 議論の技法：トゥールミンモデルの原点. 東京図書.)
Sandoval,W.A,& Millwood,K.A.(2005).The quality of students' use of evidence in written scientific explanations. *Cognition & Instruction*,23(1), 23-55.
McNeill,K.L.,& Krajcik,J.S.(2011). *Supporting Grade 5-8 Students in Constructing Explanations in Science:The Claim, Evidence, and Reasoning Framework for Talk and Writing.* Pearson.

補論

鶴田清司 ✕ 奈須正裕

言語技術教育の重視とコンテンツの明確化

鶴田 国語科は，何をもって教科の本質とするかが極めて難しいと思います。国語科という名称自体が，すでに歴史的にある独特な意味合いを帯びていて，ややもすれば心情的，道徳的になりがちな教科でしたから。

奈須 イデオロギー的な側面ですね。それはまあいったん脇に置いて，ドライに考えていいんじゃないですか。

鶴田 そうなんです。なので，今回はあくまでも「言葉の教育」というふうに解釈して，スキル中心，言語技術中心で考えてみました。

　実は従来，国語科はコンテンツがはっきりしなかったんです。文法事項や漢字などはあったんですが，「読む・書く・聞く・話す」を基礎付ける言語技術の詳細は明確には示されていなかった。

　これに対し，1992年に日本言語技術教育学会が発足して，言語技術教育の創造という方向で国語科教育の改革に取り組んできました。その考え方が，平成20年改訂の学習指導要領にはかなり明確に反映されてきています。

　平成20年の改訂では「習得」「活用」という学力観が打ち出されるんですが，では何がその対象になるのかが問題になって，コンテンツの整備が進みました。たとえば，2章でも話題になった「引用」が位置づけられましたし，「反復」とか「比喩」などの表現技法も指導事項として明記されました。

奈須 「反復」とか「比喩」なんかは，これまでも教えてきましたよね。

鶴田 教科書には載っているんですが，学習指導要領上は用語としての記載がなかった。あまり細かく規定すると，それにとらわれるからという配慮なんですが，かえって何を教えればいいのかわからないという問題も生じていました。それが，平成20年の改訂ではかなり改善されたんです。

国語科における教材の特殊性

奈須 言語技術教育の充実という方向でコンテンツが整備されたのは画期的だと思うんですが，だからと言って算数科みたいに，特定のスキルを指導する手

段としてのみ教材を扱えない，あるいは自在に開発したりはできないという点が，国語科の難しいところですよね。文章それ自体が文化財として一定の水準に達していることが，教材としての基本的な成立要件になってくる。

鶴田 特に文学教材では，そこがネックになってきます。特定のスキル指導のために適当な文章を作ったこともあるんだけど，うまくいかなかった。まったく面白みも深みもない文章では，そこに子どもの問いが生まれないし，したがって学び深める必然性もない，結果的にスキルも身に付かないんです。

奈須 魅力のない文章を読むということ自体が，すでにオーセンティックな活動ではないですからね。やっぱり，それではダメだということですか。

鶴田 子どもがその文章を読んで「なるほど面白いなあ」と思ったり，深く感動したりするから，どうしてそう感じたのか，知りたくなるわけです。そこからコンテンツへと学びが向かっていく。つまり，「この作品はこういう仕掛け，仕組みになっていたのか」とか「こんな表現技法が使われているからなんだ」ということに気付いて納得する。いわば，感動が学びを動機づけていく。

　その意味で，まずは優れた作品であることが決定的に重要で，すると教材選択が一番大変な作業になってくる。これは国語科ならではの特徴でしょうね。「ごんぎつね」や「大造じいさんとガン」など定番と言われる作品について，「いまだにごんぎつねなの？」なんて言う人もいるけれど，文学教育の教材として，あれを超えるものは見つかっていないんです。

　まずもって文章それ自体が魅力的だし，深く感動する。また，指導すべきコンテンツだってはっきりしています。さらに，教科の本質に迫る学びとして，僕は文学的な見方・考え方と言っているんですけど，それにもしっかり触れることができる。すべてが調和的に指導可能な教材になっているんですね。

奈須 いいものは時代を超えていいんですよ。だから，今後も堂々と「ごんぎつね」の精読はやればいい。ただ，名作はそれ自体に大きな価値が内在しているから，ややもすれば作品主義に陥りがちで，たとえば「ごんの気持ち」の理解にばかり，授業の焦点が集中したりする。

鶴田 そういう風潮はありましたね。今でもあるかもしれない。

奈須 名作とじっくり向かい合う経験それ自体は意味があるんですけど，ただそれを累積しただけでは，どんな作品でも自在に読みこなせるようにはなっていかない。それぞれの経験の意味を明らかにして，さらに複数の表面的に異なる経験のうちに共通する要素があることに気付かせ，概念化する必要がある。このあたりは，大きく変わっていってほしいと思います。

各教科との連携で豊かな語彙を形成したい

鶴田 このところ，子どもの語彙が不足しているという指摘があって，語彙指導の充実が言われるんですけど，それを丸ごとすべて国語科で何とかしようというのは，あまり得策ではないように思うんです。その語彙を実際に使って特定の内容を学んだり考えたりするそれぞれの教科の中で，具体的な文脈に即して指導した方が，語彙は無理なく，またよく身に付く。たとえば「溶解」とか「圧力」といった語彙は，理科で扱った方が絶対にうまくいく。

奈須 なるほど。国語の時間に「溶解」や「圧力」といった語彙を指導しようとしても，そこには具体的な指示対象もリアルな文脈もない。すると，どうしても脱文脈的になりがちで，国語辞典的な学びというか，単に言葉としてそれを知っているかどうかという話になる。でも，そんな質の語彙をいくらたくさん所有していても，現実の問題解決にはあまり役に立たないでしょうね。

　長年にわたって，人間は思考や学習のすべてを言葉に依存して行っている。だから，言葉を扱う国語科は「教科の本丸」だと言いつつ，その言葉を極めて要素的で形式的で静的なものとして扱ってきた。しかも，ただただ物量的に，ブロックを1個1個積み上げていくような学習観なり知識観に立って進めてきた部分があるように思います。でも，それではうまくいくはずがない。

鶴田 そうなんです。もちろん，本当に基本的な語彙については，まずは国語科で指導すべきだと思うんですが，その先は各教科と上手に連携して進めた方が，豊かな語彙を確実に形成することができると思います。

奈須 意味のある文脈や状況とセットで学ぶと，難しい語彙もたちどころに身に付くんですね。たとえば，小学生が「召喚」なんて難しい言葉を使っている

ので，なぜだろうと思ったんですが，カードゲームやアニメで頻繁に出てくる。そこでは，具体的にカードの中のモンスターが呼び戻されるという出来事が伴っているから，無理なく正確に意味を把握できてしまうんです。これは丹沢先生も 6 章で繰り返し強調していますが，やはり文脈というのが，今後の授業づくりでは決定的に重要になってきそうですね。

異質な者同士の学び合いを通して多彩で豊かな国語科教育を

鶴田 教科の本質という話題になると，国語科の場合は百花繚乱でね。いろんな人がいろんなことを言っているんですよ。

奈須 似たようなことは他の教科でもあるけれど，たとえば社会科であれば経験主義か系統主義かといった具合に，論争の軸が明確なんですが。

鶴田 国語科の場合はそうでもないですね。

奈須 むしろお家元制度みたいでね。それぞれが自分たちの流派の中に閉じこもっているようにも見えるんですけど。

鶴田 そういう傾向はありますね。すると先生方は，その流派の中のやり方に縛られてしまう。それ以外の方法や考え方を認めないというか，学ぼうとしないんですね。僕はもっと幅広く，いろんな流派について，いいものは柔軟に取り入れ，徐々に自分の授業スタイルなり国語教育観をつくっていくのが一番いいって主張してきたんだけど，そういう考え方はなかなか広がらない。

　国語科教育全体で見ると，いいものはいっぱいあるんですが，それが共有の財産になってこなかった。異質な者同士の学び合いを通してこそ，国語科教育は多様で多彩で豊かなものになっていくはずなんですがね。

奈須 いまだに「破門」なんてあるのは，国語科だけでしょう。理科だとありえない。算数科も大同団結が進んでいて，みんな結構仲良し。

鶴田 それはいいですね，平和で（笑）。国語科の場合，一時期はそれぞれの流派間での対話すらなかったですから。

奈須 対話がないと決して発展しませんからね。今回のコンピテンシー・ベイスの動きが，国語科にとって「黒船」になることを期待しましょう。

第4章

社会科
多角的な見方・公正・民主主義

江間史明

❶ はじめに

　奈須正裕によれば，コンピテンシー・ベイスの授業づくりとは，「教育に関する主要な問いを『何を知っているか』から『どのような問題解決を現に成し遂げるか』へと転換する」ことである（本書p.8）。

　このような問いの転換は，これまでの社会科の授業づくりをどのように変えることになるのか。本稿では，次の3点からこの問いにせまりたい。

　第1に，小学校6年生のひとつの授業をとりあげ，扱う素材を変えないまま，問いを変えることで，コンピテンシー育成までを射程に入れた授業を構想することである。素材は，「ノルマントン号事件と条約改正」である。

　第2に，社会科における能力と内容とのかかわりを，戦後の初期社会科の実践をもとに検討し，「教科の本質」の次元を位置づける必要性を検討したい。実践は，永田時雄の「西陣織」をとりあげる。

　第3に，社会科の本質たる見方考え方をどのように構想することができるか。社会科の意思決定に関する研究を素材に検討してみたい。

❷ コンピテンシー・ベイスによる授業の構想

(1) ノルマントン号事件と条約改正の授業

　ここでは，2014年10月に山形県内で参観した授業をとりあげる。ノルマントン号事件とは，不平等条約下におけるイギリス貨物船の日本人乗客遭難をめ

ぐる紛争事件（1886年）である。小中学校の社会科教科書は，ビゴーの風刺画をのせている。その絵は，水面で泳ぐ日本人とボートから見下ろすイギリス船長らを対比的に描いたものである。ノルマントン号事件について，小学校教科書は，次のように説明する。（ ）は，引用者が補ったものである。

> 「1886年のことです。和歌山県沖の海で，イギリスの貨物船ノルマントン号が（暴風雨で難波）ちんぼつしました。このとき，西洋人の船員は，全員ボートでのがれて助かり，日本人の乗客は（船中にとり残されて）全員おぼれて死にました。イギリス人の船長は，日本人を救おうとしたが，ボートに乗ろうとしなかったなどと証言し，イギリスの領事裁判で，軽いばつを受けただけでした。日本人は，このような結果をもたらした不平等条約を改めることを強く求めました。
> （東京書籍『新しい社会6上』平成23年度版，p.117）

　裁判の経過は簡単に記述している。実際は，神戸のイギリス領事が海難審判でイギリス船長らを「船客及び乗組員の救命に十分尽くした」と無罪にした。これに日本の世論の批判が高まり，改めて日本側が船長らを横浜のイギリス領事館に告訴。横浜のイギリス判事は，有罪判決を下し，禁固三か月に処した。

　この事件の起きた1886年は，国会開設（1890年）を4年後にひかえ，井上馨外相による欧化政策と領事裁判権撤廃などの条約改正交渉が大詰めを迎えていた時期であった。

　筆者が参観した授業は，当時の新聞（東京日日新聞1886年11月7日付）を資料として準備した意欲的な授業であった。目標は，次の通りである。

　「ノルマントン号事件の風刺画や内容について話し合う活動を通して，不平等条約の問題点に気づき，国民に条約改正の機運が高まっていったことを理解することができる。」

　学習過程は，整理すると表4-1のようなものであった。

　学習活動3の場面で子どもからは，次の発言がでていた。「ひどい」「おかしいと思う」「不平等条約で日本で裁判ができず，罪が軽くなる」「不平等条約はなければよかった」。では，事件当時の人はこの事件をどう思ったか。資料の新聞記事は，当時のものをそのままコピーしたものである。教師が配ると，「す

表4-1　ノルマントン号事件と条約改正　学習過程

1　ノルマントン号事件の風刺画を読み取る。	・絵を見て気づいたことをノートに書きましょう。 ・事件の説明文を読んでみましょう。 　場所を地図で確認 ・絵の人物たちは何と言っているでしょう。 ・事件の結果や裁判の内容を聞いてどう思いますか。
2　学習課題を確認する。	ノルマントン号事件で，船長が軽い罰ですんだのはどうしてだろう
3　当時の国民の思いについて調べ話し合う。	・不平等条約とは何だったでしょう。 ・自分がこの当時の日本にいたら，不平等条約のことをどう思うでしょう。 ・当時の新聞記事から，人々の気持ちを読み取ってみましょう。新聞記事からどんなことがわかりますか。(グループ活動)
4　本時の学習についてまとめる。	・不平等条約があり，日本の法律で裁けなかった。この事件で，不平等条約への不満が高まり，条約改正の声が強まった。
5　本時の学習を振り返る。	・わかったこと，疑問に思ったこと，もっと知りたいことについて振り返る。

げー」という声があがる。子どもはグループになり，指でたどりながら，懸命に字をひろっていく。「読めない」「なんて漢字？」「廿三日？廿って何？」という声が聞こえる。8分後。教師は次の一節に注目するように促す。

「船長ドレイク氏以下26人の水夫も助かりたる程の事なれば一人や二人の日本乗客とても助からざりしと云うの理もあるべからず。又一人や二人の日本乗客を助け得ざりしと云うの理もあるべからざれば」

教師は，「理がないってどういうこと？」と問いかけた。「意味わかんね」の声のあと，「『意味がわからない』ということ」という発言がある。教室が笑いにつつまれた。ここで教師は，学習活動4のまとめにすすんだ。

この授業には，次の2つの特徴を指摘できる。

第1に，目標が，「…に気づき，…を理解することができる」となっている。子どもがある内容を理解することを目標としている。「何を知ったか」という内容に焦点をあてている。

第2に，本時のまとめは，事実を構成すればよいものになっている。「ノルマントン号事件」「領事裁判権を認めた」「不平等条約」「条約改正」という言葉の組み合わせである。「不平等条約への不満が高まり」が学習活動の3に対応する。ここで教師は，当時の新聞のコピーを示した。内容をわかりやすく書き直していない点が特徴である。書き直すと何が欠けるのか。それは，子どもが「明治の言葉」の中にとびこむという経験である。この言葉を媒介にして，子どもが，明治時代の人たちがノルマントン号事件をどう見たのかにアクセスできる。記事をなかなか読み取れなくても，子どものグループ活動には勢いがあった。
　では，以上の授業を，コンピテンシー・ベイスの授業づくりに転換するとはどういうことか。

(2) コンピテンシー・ベイスの授業への組換え

　第1に，目標と学習課題の変更である。目標は，「ノルマントン号事件を機会に当時の国民が条約改正を求めた理由を説明できる」とする。理由を説明するという問題解決の活動に取り組むようにするのである。これに伴い，学習課題は次のようになる。「ノルマントン号事件で条約改正の世論が盛り上がった理由を説明しよう」。前述の実践の学習課題は，「ノルマントン号事件で船長が軽い罰ですんだのはどうしてだろう」であった。比較してみると，理由を説明するかそれとも答となる事実をさがして指摘するかという違いがある。コンピテンシー・ベイスの授業づくりには，理由を説明するというようなハードルの高い課題が必要である。「知っていることを活用してどんな問題を解決できるか」という射程で授業を考えるのである。
　第2に，「理由を説明する」という活動の意味を明確にすることである。ノルマントン号事件を知った子どもは，イギリス船長らの行為や軽い罰を「ひどい」「おかしいと思う」と言う。だが，「ひどい」「おかしいと思う」だから不平等条約の改正，という論理では，社会科の思考として十分ではない。なぜなら，「ひどい」「おかしいと思う」という子どもの言葉は，この事件全体に対す

るいまだ直観的な把握であり，明晰な社会科の観念に依存しないで事件の意味や重要性をとらえたものだからである。子どもは，「生わかり」の状態にあると言える。この「生わかり」は次の学習にすすむための重要なステップである。この直観的な把握をより精緻な社会科ならではの見方考え方につなぐ必要がある。そのために，「理由を説明する」活動を位置づけるのである。

「理由を説明する」という活動は，次のような論証をすることになる。（図4-1）

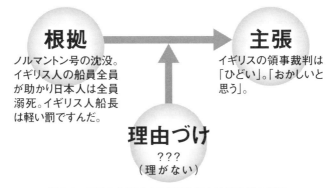

図4-1 「理由を説明する」活動における論証の構造

前述の実践で，子どもは，「理由づけ」を考えるための素材にはアクセスしていた。教師が示した新聞記事と，「理がないってどういうこと？」という問いかけである。だが，そこでの子どもの思考がもつ意味が明確ではない。それは，「理由づけ」を言葉にして，「ひどい」「おかしいと思う」という主張の論理を明晰にするという論理的思考である。この「理由づけ」を言葉にするところが，「言語活動の充実」になる。

では，「理もあるべからず」という言葉を考えることと，社会科の本質たる見方考え方はどう結びついているのか。

「理がないってどういうこと？」という問いかけは，社会科に本質的な問いである。新聞記事には，「船長ドレイク氏以下26名の水夫も助かりたる程の事なれば一人や二人の日本乗客とても助からざりしと云うの理もあるべからず。」とある。同じ船に乗っていたのに，イギリス側は助かり，日本側は23名（あ

るいは25名）が全員溺死である。扱いが不当に偏っている。船長が等しく乗客の救命に責任を尽くしたとは言えない。このような船長は誰であれ責任を問われるべきである。だが，この船長は，イギリスの領事裁判で軽い判決を受けている。これは裁判が公正に行われていないと疑われる。実際，東京の法学界からは，イギリスの領事裁判の審理がはなはだ不十分であり，船長の行動は怠務殺人にあたるとの指摘があった。

　もし仮に自他の立場を反転させたとしよう。イギリス側は，当時の日本において法制が不備で裁判官も信頼できず裁判の公正を期すことができないとして領事裁判権を正当化していた。だが，事実を審理する裁判としてノルマントン号事件の船長への判決は妥当なのか。イギリス国内の裁判においてノルマントン号事件のような事件があったときに，裁判官は船長の責任を問わないのか。それをイギリスの世論は認めるのか。このようなチェックをかけて，自分たちの言い分の「理」を吟味することができる。これは，「等しき事例は等しく扱え」という「正義としての公正」という考えを用いて（井上，2003），「自他の立場を反転させる」という「多角的な見方」を実践したものである。

　このような基本的な観念や考え方は，社会的事実を吟味するうえで，なくてはならない本質的なものである。これらは，社会科のほかの単元にも適用できる。例えば，社会科で公害を扱う場合である。人間は資源を利用して（環境に手を加えて）生存の条件をつくりだす。環境をこわさなければ生きていけない。だが，こわすには，そこで暮らす人の生活を守ったり将来世代に引き継いだりという制約がかかる。ある環境の改変が問題かどうかは，加害企業と被害者の立場を反転させて各々の正当化理由を認められるかを考えたり，ほかの事例と比べて判断したりすることで明らかになる。ここにも，「公正」という考えと「多角的な見方」はかかわっている。

　以上のように考えると，ノルマントン号事件という素材は，社会科に本質的な考えや見方を育成することを射程に入れることができる素材である。その学習者の思考プロセスには，「生わかり」の状態を精緻な論理で論証していくという「言語活動の充実」がかかわる。ここで子どもの「論理的思考」が鍛えら

れる。これは，どの教科にも内在するものであり，汎用的なスキルと言えるものである。このように，社会科ならではの本質的な見方考え方を鍛えることを目指した具体的な内容を扱う授業において，教科を横断する汎用的スキルをも子どもに育てることができるのである。

❸ 「教科の本質」という次元を位置づける意味

奈須正裕は，文部科学省の検討会議が示した資質・能力の構造について，次のように言う。「コンピテンシーとコンテンツという，ややもすれば対立しかねない2つの学力の側面を，教科の本質が仲立ちし，有機的に結びつける関係になっているのである。」

ここで「教科の本質」という次元は，コンピテンシーやコンテンツにどのように関わっているのか。能力と内容が対立的に問われた論争に「問題解決学習と系統学習」論争がある。この論争でとりあげられた実践に焦点をあてて，「教科の本質」という次元の意味を考えてみたい。とりあげるのは，永田時雄の「西陣織」（小学校5年，1954年）である。この実践は，社会科教育実践史では次の2つの特徴をもつ。

第1に，日本生活教育連盟による「日本社会の基本問題」をもとに開発された単元である。当時，日生連は，日本社会の当面する課題を9つの問題領域にまとめた。その9つの問題をスコープとし，問題を解決する意欲と能力を子どもに育てるような社会科の創造に取り組んでいた。永田は，問題領域の1つである「中小企業問題」として京都の西陣織をとりあげ，実践した。

第2に，この実践は，問題解決学習の典型と見なされ，桑原正雄ら系統学習の側が批判した実践である（桑原，1954a；1954b）。桑原は，まず「系統的な学習の体系のなかで，本質的な問題をふくむ教材をまちがいなくどのように配列するか」を問う。この立場からすれば，「当面の社会問題を解決するために，その必要にせまられて，知識を習得するたてまえは，泥棒を見て縄をなう」ようなものである。これに対して日生連の馬場四郎は，「それとは逆で，日本社会の基本的な課題の解決を志向する目的的な活動の中で，問題解決の必要から

どれだけの基本的な理解事項や知識がスジ立ててふくめられるか」と考えるのである（馬場, 1954）。この論争は, 問題解決の主体的な能力の育成と, 系統的な教育内容の習得という両者の在り方を問うていた。以下,「西陣織」実践において, 子どもの認識の展開をたどりながら,「教科の本質」という次元の必要性について検討していきたい。

(1) 単元設定の理由と構成

　まず, 永田がこの単元を設定した理由をみよう。永田は,「日本の生産の課題が西陣織の生産工業に象徴的に現れている」として, 次のような問題を見出す（永田, 1954）。

　1生産工程の非科学的なこと（いまだに手機が過半数を占め, 全国各地の絹織物産地に比し最も古い生産様式である）, 2生産組織に封建性が根強く残存し, 主従関係によって業者が結ばれていること, 3封建性が残存し産業革命以前の生産方法をとっているままに, そこにすでに資本主義生産の矛盾が現れて零細な企業家ならびに賃織業者が危機に瀕していること。

　永田の「現状変革の姿勢」が単元設定の基底にあることを指摘できる。こうして永田は, 次のように単元の目標を定めている。

　1西陣織の工業は, そのほとんどが, 家内工業, 手工業, 家族労働によっておこなわれていること。2全国の絹織物産地の機械による廉価な大量生産に圧迫されて, 次第に販路が縮小していること。3非科学的生活法, 封建的な生産組織を改革しなければならないこと。4高次な芸術的高級織物の生産だけによらず, 大衆向の実用衣料生産をして, 市場を獲得しなければならないこと。5問題解決の結論を, 歴史的地理的に広く研究して広い視野から多角的に出す学習能力を養うこと。

　ここで目標1と2は, 西陣織のかかえる現状の問題に関わる。目標3と4は, その問題の解決に関わる。いずれも具体的な内容を持つものである。これに対して目標5は, 子どもが身につける能力に関わる。永田によれば, 子どもは「早急な現状解決案, 一方的な考えで満足し易い」。そこで「子どもの視野をひろ

げて，多角的にしかも掘り下げて行くような学習能力をつけることが必須」となる。このように永田は，単元目標で，具体的な内容と子どもにつけたい能力の２つを定めている。「西陣織」の単元構成は，次のようなものである。

１西陣織について話し合う。２西陣織を眺めて。３作り方をしらべる（①今までに知っていること，聞いてきたこと。②見学，資料の作成と検討）。４昔の西陣織のようすをしらべる。５桐生，福井の生産のようすを調べる。６西陣織がこれから発展するためにはどうすればよいかを中心に作文をつくりこの単元の学習のまとめをする。

展開１では，子どもの西陣織についての経験を自由に発表する。展開２では，西陣織の実物を持ち寄り，種類や用途，特徴（実用品というより晴着）をあげていく。子どもの関心は，「作り方」に収斂していく。展開３の前半で，京都市の地図で探してみると西陣織工場が３つしかないことに気づき（「家の中でやっているから地図にはでていないのだ」），その中の「矢代御召工場」（西陣屈指の大工場）を全員で見学する。さらにグループで小工場や賃織の見学を行っていく。展開３の後半で，永田が用意した次の表１から３を検討していく。これは，京都大学経済学部の後藤靖の助言で永田が作成したものである。

　表１　西陣織が消費者にとどくまで（いくつもの工程に分かれて分業していることや，製品の流通過程をフローチャートで示している）。

　表２　原料の生糸が製織をする人にとどくまで（大工場に原料が入る経路と小工場に原料が入る経路を対比的に示している）。

　表３　西陣織の生産に使われている機械と働く人々（経営規模別に手織機，力織機の数や働く人の数を百分率で示している）。

工場を見学した経験をもとに，これらの情報を整理・分析することで，子どもは，大工場と小工場，織元と賃織，手織機と力織機という対比で西陣機業を把握できることに気づく。

このあと，永田が「どうしてこんな不公平な生産の形態に分れたのだろうか」「昔はどうだったのだろう」かとサゼストして，子どもたちを歴史的な探究に向ける（展開４）。さらに年表から，「福井は大正の始めに，桐生は昭和の始め

に機械化が完成しているのに西陣は今でも手織機が多いのはなぜだろうか」という疑問が生まれた。これをうけて，桐生地方・福井地方との比較研究にすすむ（展開5）。そして単元終末（展開6）で，「西陣織の今後のあり方」を作文につくり，よい改革案をつくることでまとめとしている。

　以上を子どもの追究プロセスとして見れば，次のようになる。西陣織という身近なモノについての経験や実物をじっくり眺めることから「作り方」へと関心を広げ，見学と資料の検討から「産業としての西陣織」に気づく。そして歴史的地理的な学習をへて，最後に解決策をまとめ，表現するというものである。

　次の2点を指摘できる。第1に，展開3の「資料の検討」という整理・分析の局面が，子どもの問題意識の成立に大きな意味があること。第2に，西陣機業で働く人へのインタビューなど当事者から情報を繰り返し得るような活動が少ないことである。ここでは展開3以降の子どもの認識を見てみよう。

(2) 子どもの認識の展開

　単元展開3の資料検討は，表1から3を「共通すること」に注目して整理し直すことであった。活動を通して子どもたちの意見は次のようなものであった。

　「大工場のような方法でやらないとだめだ。」「小工場のようなやり方では原料は高く，つくるのもおそくしかも仲買にうるのだから高くうれない。」「賃織の人はかわいそうだ。早く独立して仕事ができるようにしないといけない（これでは織元の家来のようだ）。」「織元はずるい。こんな業者はみんな大工場のようなやり方をすればいらなくなり，それだけ生産者がたくさんもうかるわけだ。」「賃織や小工場の人が協力して大工場を立てたらよい。」「手織機は力織機でつくれない帯地（金らん，つづれ織等）だけにすればよい。他はみなもっと機械化しないといけない。」

　ここで子どもは，大工場と小工場，織元と賃織，力織機と手織機という対比の構造で西陣機業を把握し，賃織や小工場の立場から「純真な怒り」（永田）を表明している。こうした素朴な問題意識は，単元でどのように展開したのか。単元終末での子どもたちの作文は，次のようなものである。

「おじいさんや，お父さんが，西陣織の自まんばかりするので，僕も西陣織はすばらしくて京都の誇りの一つだと思っていた。しかしよくしらべて見ると，その作り方や作る人々の生活等は桐生や福井にくらべてずい分おくれている。しかも社会の本に出ているイギリスの産業革命のようすとくらべるとずい分おくれている。こんなことでは，自まんばかりしておられない。作り方でももっと機械を使って作る人の生活が，もっと楽にできるようなやり方をしないと少しも自まんはできないと思う。」

「私は友だちと賃織をしている家を見せてもらいに行きました。ろうじ(路地：引用者)の細い道を通って家に入ると庭（土間）に機械が二台ありました。年をとったおばあさんが，めがねをかけて織っていられました。もう一人はお父さんらしい人でした。家が暗くてほこりだらけでとてもかわいそうだと思いました。しかもあんなにしてやっている人が一番お金がもうからないのだと知って，私は何だか腹がたってくるように思いました。誰におこればいいのでしょう。」

「化学せんいの安い原料を買ってそれに西陣織のよい柄をおるような工夫はできないだろうか。そうすれば安くできてよく売れると思う。」

「天皇や幕府や金持等の着る物ばかり作って，自分たちは貧しい生活をしている。不公平だ。もっと誰でも買えるようなものを作った方がよいと思う。」

実践者の永田は，これらの意見を「逞しい改革への意欲」を示していると評価している。この単元終末の意見と展開3の意見を比較すると次を指摘できる。

第1に，展開4と5で学んだ内容を子どもが加えていることである。「桐生や福井にくらべて」という地理的な比較や，「イギリスの産業革命のようす」「天皇や幕府や金持等の着る物ばかり作って」という歴史的な内容である。

だが第2に，西陣機業に対する問題のとらえ方は，展開3と終末では同質ということである。子どもは，賃織など作る人の生活を，「織元と賃織」「大工場と小工場」という対比でとらえ，「おくれた」機械化や製品開発をすすめるべきだと考えている。ある子どもは，賃織の人の生活に注目し，「誰におこればいいのでしょう」と言う。だが，賃織の人の生活がそうならざるをえない状況

を探究していくのが，社会科の役割の1つと言える。

(3)「西陣織」実践に加えられてきた検討

　ここでは，1954年当時の桑原正雄の批判と1983年の二杉孝司の社会科教育実践史の検討を見てみよう。桑原は，西陣織実践を次の3点で批判している。

　第1に，単元終末で「西陣織がこれから発展するためには」というように，「部分の問題解決におわっているところが問題」であるという点である。「部分の」とは，「地域の一つの問題に重点がしぼられ，総合し発展させて，より高い視野から，全体を見とおす学習が考えられていない」という意味である。「問題解決」については，桑原は，「大人（教師もふくめて）でさえ，なかなか解決できない問題を，子どもに解決させようとすることが，どだい無理というものではないでしょうか」と言う。

　第2に，子どもなりに考えた解決策が，機械化や化学せんいの利用など技術的改良が中心課題になっている点である。そこでは，「西陣における『大工場』が，それ自体日本の産業全体から見れば，中小工業に属していること」などは見えていない。そのため，「『織元はずるい』とか『賃織の人はかわいそうだ』といったような，問題を西陣企業のなかだけでみるあやまった解決」になっていると桑原は言う。

　第3に，子どもの理解が「一般性（法則性）を見失って，西陣織の技術的な改良でおわったばあい，子どもたちはその学習の成果を，東京や北海道では活用できないことになりはしないでしょうか」という点である。桑原は，子どもたちが「おとなになって必ずしも京都で生活をいとなむとはかぎらない」と言う。たとえば，東京の製鉄工場や北海道の炭坑でくらしをたてることがあるかもしれない。そのように「子どもの将来に期待し，現在を有効に準備する」ことが大切であり，「当面の社会問題を解決するために，その必要にせまられて，知識を習得するたてまえ」は，「うっかりすると学習の方向を見失」うことになると言う。

　このように，桑原の批判の中心は，永田が評価した子どもの解決策と，その

ように考えさせた永田の指導に向けられている。西陣織という地域の1つの問題に「あたまを深くつっこんだ」ために、他産業と関連づけ、西陣織を一般性の中に正しく位置づける学習になっていない。そうした「一般法則に目をひらく」知識を重視する必要があると言うのである。

次に二杉孝司の検討を見よう。二杉は、「問題解決学習と系統学習」の理論的シェマから実践を見ることをできるだけ抑え、「なによりも実践者の教材研究や子どもたちの認識の質を実際の授業の展開過程にそって検討」したいとする（二杉, 1983）。

二杉の分析は多岐にわたるが、ここでは、次の3点を取り上げたい。

第1に、二杉は、「西陣織」実践での子どもの学習に注目し、「子どもたちは、なぜ生き生きと学習したのだろうか」と問う。二杉は、展開3において、永田の指導によって、子どもの問題意識が「織物としての西陣織」から「産業としての西陣織」に発展している点を重く見る。「大工場と小工場、織元と賃織という対比の鮮明さが、生産の技術的過程のみならず、西陣機業のかかえる社会的問題に子どもたちの目を開いていった」と二杉は言う。ここでは、「西陣織という学習対象そのものが、子どもたちに解決すべき問題を提示し、『純真な怒り』をよび起こした」のである。この問題意識の成立を促したのは、永田の教材研究である。単元目標の1から4に示されている。二杉によれば、「すぐれた問題解決学習には、必ずすぐれた教材がある」のである。

第2に、二杉は、「子どもの作文をそこに示される解決策の妥当性によって評価することに果たして問題はないのだろうか」と問う。桑原の言う通り、「大人（教師をふくめて）でさえ、なかなか解決できない問題を、子どもに解決させようとすることがどだい無理」なのは、「その通り」である。そして、永田の示した対比の構造でこの学習が終始したことが、「子どもたちの学習を一面的にした」という批判は「あたっていると思う」と二杉は言う。しかし、同時に二杉は、「一面性こそがある段階での学習を可能にしているとさえ言えるのではないだろうか」とする。この対比の構造のもとで、子どもたちは、生き生きと学び、複雑な西陣織の工程とその問題をリアルに認識していったというこ

とである。二杉の見るところ，子どもの作文は，「解決策を述べたと見るより，解決策や感想の形をとって子どもたちの認識した機業の問題点を指摘したと見ることが妥当」である。以上のように考えると，単元終末で「解決策」を子どもに考えさせた永田の指導が問われる。二杉は言う。

「『西陣織』も，子どもたちがわかったことと新たに生まれた疑問とを整理することによって学習をまとめれば，次の学習への発展ははるかにスムーズとなるはずだ。それを解決としてしまうから，無理が生じているように思われる。」

この二杉の指摘は，今日からみれば，探究のプロセスにおける「まとめ・表現」の局面から新たな「課題の設定」の局面への発展を指摘したものとみることができる。だが，ここでの子どもの「リアルな問題の認識」に課題はないのか。

第3に，二杉は，単元の「展開3から展開6にかけて，子どもの認識にさしたる変化がないとすれば，展開の4と5がこの実践にどんな意味を持つのかという問題が生まれる」と言う。工場見学と資料の検討をへた局面での子どもの認識と，歴史的地理的な学習をへた単元終末の子どもの認識の間にある同質性をどうみるかという問題である。

展開の4で，子どもは，年表から，次のような点に気づいている。

「天皇，貴族，将軍等の命令からはなれて独立したのは徳川時代の中頃で，これが今の小工場をやっている人の祖先である。これは町人（今の市民）で金持ちが多くなったからだ。この小工場は，うまくやっていった人は大工場になったが失敗した人は賃織におちぶれていった。」

こうした歴史的内容は，確かに単元終末の意見にも反映している。だが，二杉は，「これらの発言が事実経過としては誤りではないにせよ，教師のサゼストした『どうして（こんな不公平な生産の形態に分れたのだろうか：引用者）』という問いに答えられるものでないことは明白」とする。

同様に，展開5は，次のような子どもの疑問を契機としていた。「福井は大正の始めに，桐生は昭和の始めに機械化が完成しているのに西陣は今でも手織機が多いのはなぜだろうか。」子どもが調べたのは，次の点である。福井地方

第4章 社会科

95

は「明治の終り頃に完全に機械工業になった」。桐生・伊勢崎地方は,「織元を中心にした問屋制の手工業であったが,昭和の始めごろまでに工場が建ち,ほとんど機械化された。」

これらの調査内容は,展開5の契機となった問いには答えていない。では,ここでの学習の意味はどこにあるのか。

子どもは,西陣と桐生・福井の「ちがう点」「よく似ている点」に目を向けている。「ちがう点」とは,「機械化が大へん進んでいて大量に安いねだんで生産できる。したがって市場が広く買う人が多い。」これに対して「よく似ている点」は,「桐生では手織機がまだ相当あり,五台以下の機械しかもっていない小工場が多い(西陣92%,桐生49%:引用者)。これらの工場ではやはり西陣のように,家族の人が長い時間働いているのだろう」などの指摘である。ここで子どもは,大工場と小工場という「対比の構造」にひきつけて事実を関連づけている。西陣織の生産の特質をより明確にしているのである。展開3で成立した子どもの問題意識が,持続的で強いものであったことがわかる。このように展開4と5は,展開3で成立した子どもの認識を,より明確にしたという意味をもつ。だが教師のサゼストした問いや子どもが気づいた問いは発展していない。二杉は,この原因を「単元の目標の5の抽象性」にあるとする。

「目標で永田は『歴史的地理的に広く研究して広い視野から』と言うのだが,何が広い視野であるのかを具体的には何も述べていない。それは,目標の1から4までの記述の具体性とまったく対照的なものである。視野を広げる意図は永田にあったのだが,広げて何を子どもたちにとらえさせるのかが明確でなかったと言ってよいだろう。」

こう述べつつ,二杉の分析の重点は,子どもが西陣織の問題をリアルに認識していった学習のプロセスを高く評価することにある。だがここでは,二杉の言う「何をとらえさせるのかが明確でなかった」という指摘に注目したい。ここに「教科の本質」の次元がかかわると考えるからである。

(4) 単元目標の再検討と「教科の本質」

「西陣織」実践の単元目標の5は，次のようなものであった。

5 問題解決の結論を，歴史的地理的に広く研究して広い視野から多角的に出す学習能力を養うこと。

「問題解決の結論」を，単元終末で子どもに求めている点は，二杉の批判があたっていると言える。探究のプロセスにそって子どもの認識の展開を考えるのが妥当だからである。ここでは，「広い視野から多角的に」という学習能力について考えてみたい。永田は，「多角的にしかも掘り下げて行くような学習能力」の中味について何も述べていない。だが，「多角的な見方」は，社会的事象を様々な角度・視角から理解し考察することであり，社会科に本質的な見方である。たとえば，西陣機業について様々な立場からとらえたり，それらの立場を反転させてとらえたりすることである。この「多角的な見方」に注目して「西陣織」実践を見直すと，次の2点を指摘できる。

第1に，西陣機業を「大工場と小工場」「織元と賃織」と対比してとらえる見方についてである。この見方は，永田が，経済学者の後藤から学んだものであった。子どもたちは，この対比の構造で一面的・具体的にとらえて，西陣機業の問題をリアルにとらえていったのである。だが，この子どもの考えた解決策について，後藤は，「業者の立場からもかけはなれた場所で考えられてはいないだろうか」とコメントしている。子どもたちは，経済学者の分析的な見方で西陣機業にせまっているが，その業者（当事者）が西陣機業の現状をどう見て解決しようとしているかという問題解決の実践にアクセスしていない。たとえば，賃織の人たちは，自分たちの状況をどうみてどう解決しようしているか。織元の人たちは，どう西陣機業を，消費者や他産業の状況も見ながら発展させようとしているか，などである。

このように，「多角的な見方」からすると，この対比の構造を，賃織の立場だけでなく，織元や大工場の立場からもとらえることができる。各々の当事者の立場に入り込んで，そこから西陣機業の現状と問題点を眺めてみるのである。こうした「多角的な見方」を意識的に指導することで，子どもは，対比の構造

を問い直し，西陣織の製品開発や生産の在り方，他産業との関連，販路の拡大や値段などを結びつけて複雑な意味のネットワークを構成することができる。

　第2に，子どもたちは，特定の立場から解決策を主張しているが，その根拠や理由づけを問うていないことである。たとえば，次のような意見があった。

　「織元はずるい。こんな業者はみんな大工場のようなやり方にすればいらなくなり，それだけ生産者がもうかるわけだ。」「天皇や幕府や金持等の着る物ばかり作って，自分たちは貧しい生活をしている。不公平だ。もっと誰でも買えるようなものを作った方がよいと思う。」

　ここでは，「織元がずるい」という根拠が問われていない。「どこからそう思ったの」という問いかけが必要である。「みんな大工場のようなやり方にすればよい」と言っても，そうできない状況が子どもの視野に入っていない。また，高級品を作る一方，生活が貧しいという事実から「不公平だ」と主張している。だがなぜ「不公平」と言えるのかの理由づけが明確ではない。たとえば，生産に工夫を加えようとしてもそれができない状況におかれているのであれば，公正ではない。市場で競争するための条件が偏り，はじめから勝負が決まっているからである。このように意見を吟味することは，意見の論理を明晰にすると同時に，状況の分析をすすめ，「公正」などの社会科に本質的な概念を考えることになるのである。

　以上の検討から，「西陣織」実践の単元目標の5は，社会科という「教科の本質」の次元を明晰に自覚することで，具体的な内実をともなったものになるのである。このことは，問題解決学習において，「教科の本質」の次元を位置づける必要性を示唆するものと言える。

❹ 社会科の本質たる見方考え方の構想

　これまでの検討において，社会科という「教科の本質」として，「多角的な見方」という方法や「正義としての公正」という考えを指摘してきた。社会科という教科の役割については，現行の小学校学習指導要領解説（社会科編）は，「よりよい社会の形成に参画する資質や能力の基礎を培うこと」とする。グリ

フィンらの「21世紀型スキル」の枠組みにおいても，「コンピテンシーとしてのシティズンシップは重要性が増してきて」いるとして，例えば次のスキル（技能）をあげている。「近隣やコミュニティの活動に参加すること。同様に，国内・国際的なレベルで意思決定に参加すること。例えば選挙で投票する。」（グリフィン他，2014）。このように，民主主義の担い手を育成することを重視しているのである。

　ある中学校社会科教科書は，民主主義を「みんなで話し合い，決定するというやり方」と説明する。「みんなで決定する」とは，その集団の構成員全員を拘束する集合的決定を行うことである。一人一人は，自分の意見をその決定に反映させようとする。しかし，刻一刻と変化する状況に対して，誰の意見が正しいかは誰にもわからない。そうした中で，よりよい「生き方」（価値）を協同で探究していくというのが，「民主主義」の考え方である。もちろん，人間は，ある時点で誤った決定をすることがある。だが，人間は，自分の誤りを討論と経験によって改めることができる。むしろ，「誤りをおかしうる」という可謬性を自覚するから，互いの意見に耳を傾け，討論する意義がある。自他の立場を反転させて互いの言い分を吟味するのである。「多角的な見方」や「正義としての公正」という考えが社会科に本質的な理由は，この「可謬主義の民主主義」の概念から理解することができる。

　では，そうした「民主主義」の概念における意思決定とその実行に必要なスキルや基本的な考えをどのように構想できるか。ここでは，アメリカの社会科研究者のエングルとオチョア（Engle & Ochoa, 1988）の意思決定の議論を素材に考えてみたい。エングルらは，民主主義を不断の改良の過程とみて，それを担う意思決定者に必要なスキルと知識について，ひとつの見通しを示しているからである。

　まず，スキルについて。エングルとオチョアは，民主主義を担う市民に必要な意思決定のスキルとして，次の8つを指摘している。
　① ある問題の大きさをはかり，対立するポイントや論争点を認定できる。
　② 問題に関連する情報を選び出し，提案された解決策と論理的に結びつけ

ることができる。それらの情報の信頼性を判定できる。
③　その問題を可能な限り（価値を含む）広い文脈において見ることができる。
④　提案された解決策のいずれに対しても，起こりそうな帰結にいたるまでのシナリオを構築できる。
⑤　証拠や判断の基準となる価値に対立が生じた場合，合理的な判定ができる。
⑥　扱う問題に対する見方が自分と異なる人々の意見に共感できる。
⑦　理想的な解決ではなかったとしても，実行可能で当面の行き詰まりを打開できるよう解決を選べる。
⑧　正当と認められた政治的ゴールに到達するように他人を組織したり，一緒に働いたりできる。

　このうち，エングルとオチョアは，生徒の学習で評価するスキルとしては，①から⑤をあげている。社会科の意思決定の学習としては，①から⑤を重視しているとみることができる。これらは，個人が問題を他人事にせず，意思決定を行うことを支えるものである。これに対して，⑥から⑧のスキルは，実際の状況における集合的な問題解決にコミットする意味が強いものである。ここでは，スキル⑤と⑥の関係に注目したい。⑤における「合理的な判定」のためには，「多角的な見方」による吟味が必要である。自他の立場の反転可能性である。それが，⑥の「自分と異なる見方をとる人々の意見への共感」を論理的に可能にするとみることができる。自分と異なる立場に入りこんで問題を見ることになるからである。ここには，「可謬主義の民主主義」の考え方もかかわっている。エングルとオチョアは，個人の意思決定から集合的な問題解決までをトータルに描き出していると解釈できる。

　次に，こうした意思決定に必要なスキルの育成に連動した具体的な内容知識についてである。エングルとオチョアは，民主主義を担う市民に必要な基本的な内容として，「環境」「社会制度」「文化」の3つの領域をあげている。

　「環境」は，「環境と人間の相互作用」という考えを広く理解することを目的

とする。自然資源を楽観的に開発することや，環境の汚染や保全の問題を扱うものである。「社会制度」は，経済や統治や法のシステム，家族，宗教といった制度がどのように生まれてきたかを理解することを目的とする。特に，民主主義を特徴づける制度や観念を扱い，それらを発展途上にあるものとみることを重視する。教会と国家の分離，言論の自由などである。「文化」は，文化の違いの本質を理解することを目的とする。合衆国と世界において，異なる文化が発展してきた独自の背景に目を向け，その違いを合理的に説明できるものと見ることができるようにするのである。そして，これらの内容と同時に，「正義」「公正」「平等」「自由」といった価値が民主主義において重要な価値を持つことを理解できるように，それらの価値を求めてきた人々の苦闘の歴史を味わい認める（appreciate）必要があるとする。

　以上の3つの内容領域を，共時的アプローチで扱うと地理的内容になり，通時的アプローチで扱うと歴史的内容になるとみることができる。現在の歴史・地理・公民という内容構成の区分を見直す視座のひとつと言える。

　以上のような意思決定のスキルと内容を参考にして，社会科の個々の単元で扱う内容（コンテンツ）を検討していくことが，今後の課題として残されている。「民主主義」という言葉の内容を正確に構成しても，その内容を「覚えなさい」と伝えるだけでは，社会科を教えたことにはならない。具体的な問題解決の文脈において，「多角的な見方」や「公正」といった社会科に本質的な見方や考えを意識的に適用できるようになることで，民主主義を理解し，それを担う能力（コンピテンシー）を育てることができるのである。

■文献

馬場四郎（1954）．問題解決学習への批判にこたえる．カリキュラム, 67号, pp.18-21.
江間史明（2014）．議論における民主主義と教育．守屋淳他編 子どもを学びの主体として育てる．ぎょうせい, pp.196-207.
Engle, S. H. & Ochoa, A. S.（1988）. *Education for Democratic Citizenship : Decision Making in the Social Studies*. Teachers College Press.

二杉孝司(1983).日本社会の基本問題と問題解決学習:1954年・永田時雄「西陣織」(五年生)の授業.民教連社会科研究委員会編 社会科教育実践の歴史:記録と分析・小学校編.あゆみ出版, pp.97-131.

P. グリフィン他編, 三宅なほみ監訳(2014). 21世紀型スキル:学びと評価の新しいかたち. 北大路書房.

井上達夫(2003).法という企て.東京大学出版会.

桑原正雄(1954a).問題解決学習と系統的学習.教育, 31号(1954年4月号), pp.24-33.

桑原正雄(1954b).ふたたび「問題解決学習と系統的学習について.歴史地理教育, 2号(1954年9月号), pp.2-13.

永田時雄(1954).単元『西陣織』＜中小工業＞(五年)の研究.カリキュラム, 62号(1954年2月号), pp.48-58. 上田薫・他編 社会科教育史資料(第4巻), 東京法令, 1977, pp.399-406. に集録

岡明秀忠(1991).対抗社会科(countersocialization)をめざす社会科:S.H.エングルの内容構成論を中心に.社会科研究, 39号, pp.27-38.

補論

江間史明 ✕ 奈須正裕

「多角的な見方」の意味合い

江間 ノルマントン号事件は，条約改正史という歴史学的な位置づけからすれば，明治の日本が近代国家として独立していく過程，そこにおけるナショナリズムの高揚といった文脈で描かれることが多いんです。社会科の授業づくりでも「なぜこの事件をきっかけに条約改正の世論が盛り上がったのか」が学習問題になるのは，だからある種の必然なんだけれども，一方，教科の本質なりコンピテンシーの育成という視点から見ると，そういったコンテンツを教えて終わりではなくて，さらにそのコンテンツを通して，多角的な見方を教えるいい素材でもあるんじゃないかって，考えたんですね。

奈須 多角的な見方っていうと社会科の専売特許（笑）で，誰でも簡単に使うんだけど，今後，それを学力論やカリキュラム論に位置づけてしっかり育成していくとなると，その意味合いや内実をはっきりさせていかないと。

江間 まず「多角的」というのに2つあると考えています。1つは，対象を複眼的に，いろいろな角度から見るという意味。もう1つは，自分と他者との視点や立場を逆転させて考えられるという意味です。

　前者があくまでも自分の位置から対象をさまざまに眺めて見ようという動きなのに対して，後者は対象を眺める他者の側から自分が見えていることを見直すといった動きをも含んでいる。つまり，多角的という場合，自分自身の視点の取り方さえも自覚的に運用できる水準にまで高めたいということなんです。

奈須 自分自身が相対化される。いかにも社会科的ですね。

江間 さらに「見方」という言葉にも，もっと意識的な意味を込めたい。普段の生活では，自分の立場から見ていて特に不自由はないわけです。したがって，あえて自分とは逆サイドに立ってみるとか，異なる立場から眺めて見るなんてことは，教科学習のようなフレームの中で意識的にやる機会を設けないとなかなか難しい。少なくとも，そうしないと洗練された技能や態度として身に付いてはいかないんじゃないか，と思うんですね。

奈須 そこにこそ，社会科の任務があると。

江間 社会科が対象としている社会的事象というのは，ピカソのキュビズムの絵みたいに，いろいろな視点や立場から見た複数の景色や感情が折り込まれて成り立っているって考えたいんです。まずは，そのように社会的事象をとらえられることを大切にしたい。

奈須 それ自体がまさに社会科の本質ですね。

江間 そしてその上で，傍観者になるのではなく，先程お話しした視点の意識的な移動によって，そのさまざまな視点や立場に自分も立ってみる。すると，そう見えるのは当然なんだって思えてくる。その感覚を育てたい。そういう意識的な学びの経験を積み上げていったその先に，民主主義の基盤となる，たとえば「公正」という概念，誰から見てもその言い分が認められるものが「公正」なんだ，といった見方も育ってくると思うんです。

「可謬主義の民主主義」へ

江間 もう1つ素材として書いた初期社会科の「西陣織」，ここでも多角的に見るとか包括的に見ると言われているんですが，改めてその内実を見ていくと，桐生と比較したらどうか，昔の西陣織はどうだったかなど，地理的，歴史的な見方を総動員し，当初の領域を超えて対象をさまざまに捉えさせることがその眼目でした。一方，先程から話題になっている立場を変えてみるとか視点を移動させるといった発想は希薄なんですね。

奈須 織元の立場に立って，資本家にもそれなりの辛さはあるなんて話にはならないと（笑）。まあ，でもそうでしょうね。科学的な社会認識の形成を足場に日本社会を民主的な方向に改革していく資質・能力の形成というのが，当時の社会科の任務なんだろうけど，大資本と保守政治が諸悪の根源だという具合に，その向かうべき正しい方向性というのは，もうあらかじめ決まっていたから。しかも，当時の日本社会はその方向に必ずしも向かってはいなかったし，また多数派の認識もそうではなかったから，社会科としては勧善懲悪的にそこを変えていく方向で指導内容を構成するしかなかった。当時はそれを民主主義的な立場だって言ってたんだけど，今から見れば，そんなもの民主主義じゃな

いって話で。

江間 民主主義って，みんなで話し合ってみんなで決めていくんだけど，その時点では何が正しいかはわからないわけです。「可謬主義の民主主義」って書いたんですけど，少しずつ試行錯誤しながら考えていく時には，ある立場からだけではなくて，逆サイドの立場にも目配りしながら，その都度その都度判断していく姿勢と能力が大事で，それこそが社会科が育てるべき中核的なコンピテンシーじゃないかって思うんですね。

奈須 これまで僕自身は，昭和22年，26年の学習指導要領（試案）は多分にコンピテンシー・ベイスだって言ってきたんです。それ自体は間違っていないと思うんだけど，やはり時代的な限界はあって，今僕たちが目指していこうとしているものとは，少なからず異なっている部分のあることもわかった。やはり，改めて一つひとつ丁寧に見直していかなければと感じました。

話し合いのモードを自覚化する

奈須 民主主義を現に実行する際には，多様な他者と率直に話し合う姿勢なり能力がとても重要になってくると思うんだけど。

江間 話し合いとか議論，対話と言うんだけど，そこには実は多様なスタイルなりモードがあるんですよ。たとえば，ブレーン・ストーミングなんかも含めた論点の洗い出しのための話し合いと，お互いに相手を説得しようとしてなされる話し合いと，妥結点を見出すための交渉的な話し合いと，さらに学会なんかで行われる学術的・探究的な話し合いでは，何を目指すべきゴールとして，どんな約束事の下で話し合いが進められるのかが，随分と違ってくる。

奈須 社会科での話し合いは，将来，民主的な社会を形成していく，その練習になるといいんだけど，するとその作業に際して，複数の異なる話し合いのモードがあって，それを意識し，合目的的に進められる資質・能力もまた，社会科が育成すべきものだと。

江間 複数の対話のモードの存在を理解し，その中から当面する問題の解決に適したものを自覚的に選択し，さまざまな話し合いを経験することによって，

遂には議論批評さえできるようになると思うんですね。それこそ，国会での議論はどうなんだと。どんな内容が話されているかに加えて，話し合いの仕方についても鋭い批評的な見方ができるようになることを目指したい。

奈須 2章で鶴田先生が紹介してくれたけど，アメリカの子どもは1つの文章を書くにも，エッセイなのかストーリーなのかというジャンル意識があるって話でね。表現でも思考でも話し合いでも，常に人間の知的作業には目的意識が不可欠で，またその目的に対して妥当な方法を選択する必要がある。そういった感覚が，日本の教育には希薄だったということなんでしょうね。

江間 これまでは，この内容を教えるためにどんな話し合いをさせるかって発想してきたと思うんだけど，コンピテンシー・ベイスで考えると，むしろこの話し合いのモードを身に付けさせるためにはどの内容が適切なのかという見方が，社会科の授業づくりやカリキュラム開発に求められると思います。

視点の移動というコンピテンシーを教科横断的に育てる

奈須 ところで，視点を意識的に移動させるということ自体は，国語の文学教材の解釈なんかでもやるし，重要ですよね。

江間 ああ，そうですね。

奈須 もっとも国語科と社会科では，的確な視点の移動を実現するのに求められる技能や領域固有知識が違うでしょうけどね。でも，視点を移動させることで，自分とは異なる立場が存在し，しかもその立場に立ってみれば，その解釈なり主張，沸き立つ感情なんかも十分了解でき妥当化されうるんだという経験を子どもたちがする。それ自体は極めて汎用的な能力ですよね。

つまり，視点の移動という対象理解の方略は多くの領域で有効だし必要なんだけど，それを社会科で教え，また国語科でも教える。さらに，それぞれの教科で教わっている時には，子どもの経験としてもかなり様相が違うんだろうけど，実は通底しているってことにいつかは気付かせて，さまざまな対象に対して自覚的に繰り出させるようにする。そういったことを教科横断的に考えていくこともまた，大事なんだって思いました。

第5章
算数・数学科
算数・数学という文化を丁寧に受け継ぐ

齊藤一弥

1 算数・数学を学ぶことの価値を問う

　教科指導の本質は，その指導によってどのような人材を育成していこうとしているかに表れる。つまり，算数・数学を学ぶことで，子どもはどのような資質・能力を身に付けていくのか，それを支えるものとして算数・数学で大切にしたい見方・考え方を獲得することができるようになるのかが問われる。もちろん，算数・数学の場合，内容の系統性が明確で，それらを統合・発展させて学習し続けていくため，それを可能にするための教科固有の知識・技能を身に付けていくことが大切なことは言うまでもない。

　しかし，内容の系統性が強いことは，内容の習得に軸足を置く指導を後押しすることになり，結果として子どもに期待したい資質・能力をイメージした授業とは程遠い展開になることが多い。知識・技能を形式的に確認・習得させることが中心となって，算数・数学指導の本来の価値を実現することを難しくしている。

　では，算数・数学を学ぶことの価値とは何なのか。具体的事例を通して確認するとともに現在の指導における課題を整理していくこととする。

(1) 日常生活の数量に関する課題に対して合理的判断ができる

・・・・・ 事例1　どのトマトがお買い得なのか（単位量あたりの大きさ）・・・・・

　買い物に出かけた時に思うのは，「なるべく安く済ませたい」「できるだけお

買い得のものを手に入れたい」などよき消費者としての感覚である。その一方で，人によって「安い」「お買い得」などの感じ方は異なる。使用する場面や目的によっては，数量が多いために安いことが必ずしもお買い得になるとは限らないなど状況は変わってくる。日常の生活場面ではこのようなことはむしろ当たり前で，身の回りの様々な条件に影響されながら判断することが求められている。

表5-1　どのトマトがお買い得か

種類	個数	値段
トマトA（パック）	2	248円
トマトB（パック）	4	378円
トマトC（袋入り）	6	430円
ミニトマトパック	多数	280円

　スーパーマーケットで販売されている複数のトマトの実物（表5-1参照）が用意されて，「どれがお買い得か」を子どもに問う。ミニトマトは別物という判断から除外され，それ以外で単純に計算すれば，6個入りの袋入りが安いということになるが，子どもの意見はまちまちになった。子どもの「お買い得」の判断の背景には子どもの生活があり，多様な結果をもたらしたのである。

T9：この4つのトマトがあったとしたら，どのトマトが一番「お買い得」だと思いますか。
C11：私の家は家族の人数が多いのでトマトはたくさん入っている方がいいから6個入った袋のトマトCがいい。
C12：お母さんは美味しいトマトが好きだから，多少高くても美味しいものがいいと言っている。だから2個入りのトマトAがお買い得になるかな。
T10：多少高くても，それが「お買い得」ということですか。
C13：美味しい方がいいと言うから…それが「お買い得」。
C14：よく買い物では，高すぎなくて，そしてあまり安すぎないものがいいという。安いだけではだめだって。

このような発言が続き，すぐには「お買い得」は決着しなかった。比較するもののブランド，品質，形状などが異なるために，「確かに安いけれども，味が落ちるのではないか」「高いけれども品物がいいからだ」などと理由を挙げて，その単位当たりの代金を単純比較しても意味がない場合があることを，子どもらが指摘していった。

> T22：なぜこの４つのトマトの中で一番「お買い得」が決まらないのだろう。
> C32：人によって「お買い得」に対する考えが違うからかな。
> C33：例えば同じ２個入りのトマトAでも，高くてもいいということもあれば，高すぎるからだめだという意見もある。
> T23：それだから「お買い得」が決まらないということですか。
> C34：どのトマトも少しずつ違うから，同じでないから「お買い得」が決まらない。
> C35：同じトマトであれば，その個数と代金で「お買い得」は決められるけれども，この４種類では無理。それぞれが異なるから。

　このように，条件がそろわないことが「お買い得」が定まらない原因であることを確認して，品質，形状などが一様なものであれば，値段との比較で「お買い得」が決まることを確認した。子どもは，異種の２量の割合で大小比較するという数学的に大切な見方や考え方を用いることができる場面や用いるために必要な条件を確認することを経験したわけだが，このことは新たな文脈での課題解決に欠かせないことと言える。

　単位量当たりの大きさの授業では，うさぎ小屋の混み具合のようにうさぎ（羽）と面積（㎡）といった異種の２量（表5-2）を比較して，その混み具合の大小を比較する場面が一般的である。小屋には均等にうさぎが並んでいると理想化し，うさぎまたは面積のどちらかの量をそろえること（表5-3）で大小判定をする。例えば，いずれのうさぎ小屋にもうさぎが24羽いると想定すると，面積は小屋Aが32㎡，小屋Bが30㎡となり，小屋Bの方が混んでいることがわかる。さらに，除法を使って１当たり量（１㎡当たりのうさぎの数または１羽当たりの面積）で比べるととても簡単に処理ができることを学ぶ。

この問題場面では，提示されている量の条件が初めから整えられているために，子どもは異種の2量の割合を比較するための前提についての関心は向かない。トマトの問題場面で子どもが話題にした，「比べようとしているものの条件がそろっていること」の必要性については問題にならず，与えられた数を計算したり処理したりして，その結果として得られた数の大小の比較をすることが中心になる。

表5-2　うさぎ小屋の混み具合

うさぎ小屋	うさぎ(羽)	面積(㎡)
小屋A	6	8
小屋B	8	10

表5-3　うさぎ小屋の数をそろえる

うさぎ小屋	うさぎ(羽)	面積(㎡)
小屋A	24	32
小屋B	24	30

小屋A　$6 \div 8 = \frac{3}{4}$

小屋B　$8 \div 10 = \frac{4}{5}$

1㎡当たりのうさぎの数

　トマトの問題は，日常生活によくあるオーセンティックな（真正な）学習場面で，そこでの課題解決に算数を応用・活用するために必要な条件に関心が向くように教材が組織され，子どもは課題に対して合理的な判断をすることの重要性を経験した。しかし，一般的に行われているうさぎ小屋の混み具合では場面を理想化した教材になったことで，本来，量を比較するための前提に行っている仕事の意味や単位量当たりの大きさの考えを使って処理することのよさなど，算数を学ぶことの価値に触れることが少なくなってしまっている。

(2) 形式を整え，労力を省いて効率的に表現・処理することができる

・・・・・・・・・　事例2　なぜ一の位に単位がないのか（大きな数）　・・・・・・・・・

　子どもは何気なく大きな数を読んでいる。そこでは単位（一，十，百，千）といくつ分を組み合わせたり，いくつ分の「いち」を省略したりして表現するといった簡潔さや明瞭さなどがあるにも関わらず，子どもはそれを意識して読んではいない。記数法と命数法が様々な先人の創り上げてきた工夫によってでき

ていることに関心をもちながら，算数のよさを実感的につかむ学びが期待されている。

十進位取り記数法の学習で「命数法」について学んでいくと，子どもはその仕組みに関心をもつ。右図のように，4318から4327までの四桁の連続した10個の数を縦に並べて，それぞれの数の読み方を漢数字で横に示して，算用数字で示されたものと漢数字で示されたものを見比べていくと，共通することや異なることが見えてくる。そして，これまで何気なく書いたり読んだりしてきた数の仕組みに新しい発見をしていく。

4318	四千三百　十八
4319	四千三百　十九
4320	四千三百二十
4321	
4322	
4323	
4324	
4325	
4326	
4327	

漢数字で示された読み方を比べると乗法的表現で構成されていること，不要な部分は省略することなど，より簡単に表現するための工夫に気づくようになり，それらから数の表現方法がとても効率的にできていることを実感できるようになる。

T4：4桁の連続している10個の数の読み方を比べてみて，どんなことがわかりますか。

C5：千の位の「四」，百の位の「三」は全部の数に出てくるけれど，十と一の位の数は違う。

C6：「千」「百」「十」がすべての数に出てくる。

T5：この「千」「百」「十」は何を表していますか。

C7：位（単位）を表していて，「四」や「三」はそれぞれの位にある数を表している。

C8：「千」「百」「十」のどこも単位とその幾つ分になっている。

C9：数の読み方は「千」「百」などの単位とその幾つ分を組み合わせてできているということ。

C10：でも，同じでないところもある。「千」「百」「十」の位は単位を表しているけれども

4318	四千三百□十八
4319	四千三百□十九
4325	四千三百二十五□

第5章　算数・数学科

「一」の位は単位を表していない。
C11：もし単位をつけたとしたら，4325は「四千三百二十五一」になるはずなのに，一の位には「一」がない。
C12：それ以外にもある。単位には幾つ分があるといったけれど，でも，18や19では「一十八」「一十九」とは言わない。

　子どもは，漢数字での気づきから，数の位置で単位を表し，数はその大きさだけを表すという形式の上に成立している記数法の特徴を理解し，労力を省いて効率的に数学的に表現していることに関心をもつようになった。

T16：一の位の単位を表す「一」を読まなかったり，十の場合は「一」という大きさを読まなかったりすることがわかりました。どうしてだろう。
C25：言わなくてもわかるからではないかな。
C26：わかるから簡単にしていいのだと思う。
T17：他でも幾つ分を表す「一」は読まないだろうか。
C27：1111は「千百十一」。「千」「百」「十」は位の大きさだけれども，最後の「一」は一の位の大きさだから，幾つ分を読まない。

　　　　　　　　　　　　　　1111 ＿千＿百＿十一

T18：幾つ分が一の場合はそれを読まずに省いてしまって簡単にしているわけですね。一の位を読まないのも同じ考え方ですね。

　記数法に比べて扱われることが比較的少ない命数法について学ぶことにより，先人の長い間の工夫の中から生まれ，それが生活の中で使われ発展してきた算数・数学のよさそのものに触れることになる。特に，簡潔で明瞭，的確な表現方法として先人によって生み出された文化を，実際に現在も使用して受け継いでいることの素晴らしさを感じることは，算数を学ぶ価値として極めて重要である。
　このように，命数法の仕組みに関心をもった子どもは，自ら学びの範囲を広げていく。算数のよさに関心をもって，次のように既習事項を見直していこうとする。

T21：これまでに学習した万から一千万の位でも同じような仕組みになっているでしょうか。

```
43284328    四千三百二十八万四千三百二十八
43284329    四千三百二十八万四千三百二十九
43284330    四千三百二十八万四千三百三十
43284331    四千三百二十八万四千三百三十一
```

C30：万という単位をつける以外は全く同じ仕組みになっている。

C31：一万の位の「一」はやはり読んでいない。

C32：数字を書いた位置でその単位がわかる。読み方は同じ

```
43284328    四千三百二十八 万 四千三百二十八
```

読み方を繰り返して，それに「万」をつけているだけだ。

T22：千の位までの読み方に「万」を組み合わせるだけで，より大きな数まで表現できるということですね。

C33：いらないものは読まなくていい。同じ言い方を繰り返したりすればいいから簡単な感じがする。

C34：数の読み方にもいろいろな工夫があることがわかった。

T23：昔の人は，数の読み方を工夫して私たちが簡単に言い表せるようにしてくれたわけですね。

多くの場合，「大きな数」の学習は，学習内容としての知識を確認し，それを覚えることで終わる。数の仕組みや読み方を覚えることが主目的になって学習が進む。そこには子どもの主体性はなく，知識の習得を目的とする枠ががんじがらめになっているために，子ども同士の協働性も期待できない。

しかし，何気なく「大きな数」を読んだり書いたりしていることを見つめ直し，新たに見えてきた「一の位の単位（一）をなぜ読まないのか」などの既習経験とのずれや違いに着目させることで子どもの知的好奇心を駆り立てるようにして，発見したことや気づいたことの背景にある先人が記数法や命数法を創り出してきた知恵——例えば労力を少なくしてたくさんの情報を表現する——に触れさせることが大切である。そのことによって，知識としての記数法や命数法の働きやよさについて関心をもち，その視点から改めて算数を見つめ直す

ことができるようになるからである。

　学習の終盤では,「万から一千万までの数でも同じような仕組みで作られているのか」と問い直す場面があるが,このような振り返りによって,子どもは覚えることはなるべく少なくして,それで多くの思考や表現ができることが算数のよさであることを感じる。そしてそのような姿勢を大切にしながらその先の算数を学ぼうとするとともに,算数を創ってきた先人の知恵に関心をもち,そのよさを生活に活かしたり,算数をさらに学んだりしようとする意欲を高めていくことにつながる。

(3) 図形の性質や構成要素を用いて事象の構造を考察・説明することができる
・・・ 事例3　カーテンを買いに行くときどこで長さを測るのか（四角形）・・・

　日常生活では算数・数学の知識を活かして能率的かつ効率的に作業をしていることが極めて多い。事物の構造や仕組みを考察したり表現したりする際に,それを図形に置き換えてみたり,図形を使うことで他者にわかりやすく伝えたりすることができることを経験してきている。

　例えば,窓に取り付けるカーテンを購入しようとする際には,必ず窓枠の大きさを調べる必要がある。しかし,カーテンレールが付いている場所を直接測定することは難しい。この際,私たちはすぐに簡単に測定が可能な場所（床）に等しい長さを見つけてその仕事を済ませる。なぜこのような作業で済ませることができたか。それは,基本図形である長方形の性質を活用して間接測定を行うことができたからである。このような経験がたくさんあるにも関わらず,算数・数学の授業ではなかなかそれが扱われることは少ない。図5-1は全国学力・学習状況調査小学校算数（平成21年度実施）のB問題で出題されたものである。四角形オカキクが平行四辺形であることを示した上で,階段の壁の最上部の点オから点クまで飾りを付けたいが直接長さが測れないので,点カから点キまでを測ればよい理由を選択させるものであった。「平行四辺形の向かい合っている辺の長さは等しい」という性質を選択するものであるが,正答率は66.3％であった。算数・数学が本来はそのような場で活躍するにも関わらず,

(2) 下の図の点オから点クまでのところに，かざりをつけようと思います。
　　点オから点クまでの———の部分の長さを知りたいのですが，高い場所なので，長さを直接はかることができません。

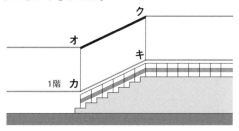

　上の四角形オカキクは，平行四辺形とみることができます。
　そこで，ゆうじさんは，点オから点クまでの長さを知るためには，点カから点キまでの長さをはかればよいと考えました。
　このように考えたわけとして正しいものを，下の1から5までの中から1つ選んで，その番号を書きましょう。

1　平行四辺形は，2つの対角線の長さが等しいから。
2　平行四辺形は，4つの辺の長さが等しいから。
3　平行四辺形は，向かい合っている辺の長さが等しいから。
4　平行四辺形は，向かい合っている角の大きさが等しいから。
5　平行四辺形は，向かい合っている辺が平行だから。

図5-1　全国学力・学習状況調査小学校算数のB問題
(国立教育政策研究所　平成21年度全国学力・学習状況調査　小学校算数調査問題より)

学んだ知識や技能が活用されることなく終わってしまうことを象徴している結果である。身の回りの事象を図形に置き換えて，観察・考察することで思考や作業が効率的で簡単に進むことがたくさんある。このようなよさを生活に活かすために算数・数学は学ぶものである。

平行四辺形や台形などの基本図形を学習して，その性質を日常場面の課題解決に活かす場面である。図5-2のような部屋の中で，直接測ることができない①および②の長さを測るため

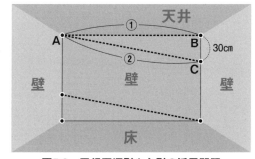

図5-2　平行四辺形や台形の活用問題

に，ほかのものに量を置き換えて測定する方法を活用して，具体的な場面における測定方法を考える。部屋の中にこれまでに学習した図形を見出して，その図形の性質を活用して間接的に長さを測ることができることを確認する。

　直接は手が届かない天井の点Aから点Bまでの①の長さを測るには，壁を長方形に見立てて床の長さを測る。また，点Aから，同じく直接は手が届かない天井から30cm下がった点Cまでの②の長さを測るには，壁に平行四辺形を描いて，床から30cm上がったところまでの長さを測ればよいことを確認した。

T5：天井の端の点Aから点Bまでの①の長さを測るために，脚立を用意して巻尺を使って測ろうと思います。これは大変な作業になるよ。端を持っていてください。（脚立に昇り始める）
C7：脚立だと大変だ…。
C8：天井でなくても，脚立に昇らなくても床でいいと思う。
C9：床で…？
C10：あ…わかった。床で大丈夫だ。同じ長さになる。床で測ればいい。
T6：なぜ床で測ればいいのですか。
C11：天井の点Aから点Bまでの①の長さは，床に同じ長さが作れます。長方形になっているからです。
C12：壁を大きな長方形と考えると，長方形の向かい合った辺の長さは等しいから，床で測っても同じことになる。
（中略）
T13：点Aから，点Bから30cm下がった点Cまでの②の長さになっても同じように考えて測ることはできますか。今度は脚立でないと難しいですか。
C19：今度は，壁に平行四辺形があると考えれば大丈夫です。床から30cmの場所までの長さを測ればいい。
T14：どうしてそれで点Aから点Cまでの②の長さを測ることになるのですか。

　子どもは目の前の空間に直観的に等しい長さが見える。床に天井と等しい長さを確認する。しかし，その理由を数理の世界に置き換えて説明するとなるとなかなか難しい。それは図形で学んだ性質を，このような課題解決に必要なものとして活用した経験がないからである。これまで経験したことがない未知の

文脈においては、たとえ多くの子どもが「よく知っている」とされる既習の知識であってもそれを転用させていくことができない。性質は覚えるためにあるのではなく、つまり物知りのための知識ではなく、問題解決に活用可能な活性化した使える知識であることが求められている。

この授業を通して、子どもは図形の性質を活用することでより効率的かつ能率的で、しかも正確な仕事をすることを経験するとともに、このような図形の性質を学ぶことがよりよい生活を築くことに密接に関連していることを実感した。カーテンの採寸の話に戻してみよう。このような見方ができるようになると、子どもは生活の様々な場面で何気なく判断・考察していることに図形で学んだことを積極的に活用するようになる。授業の終了時に、「もしも、カーテンを買いに行くとしたらどこの長さを測っていけばよいか」と聞いてみた。子どもの大半は窓枠の形状を指摘して、背丈が足りる場所で測定することと解答した。日常生活の課題解決に算数・数学が活用された姿である。

(4) 正確かつ的確で,能率があがり,筋道の通った考え方で課題解決ができる

・・・・・・ 事例4　なぜ半円分度器でも大丈夫なのか（角の大きさ）・・・・・・

同じ仕事なら、なるべく正確で、しかも効率的に済ませたいものである。しかもそれがしっかりとした考え方に支えられて、誰もが納得して支持されるような方法であるとなおさら望ましい。量の測定においては、正確かつ的確な上に、能率的であることが期待される。算数・数学はこのような仕事を実現可能にしていくために学ぶといっても過言ではない。

図5-3は全国学力・学習状況調査小学校算数（平成27年度実施）のA問題で出題されたものである。180°より大きな角である210°の大きさを測定するものである。この問題の場合、直線、二直角または半回転の180°より大きいことはすぐにわかる。しかし、これまでの実践から多くの子どもが150°と計測する傾向がみられる。このような結果になる原因はどこにあるのだろうか。

まずは、答えの見積もりができていないことが挙げられる。分度器を当てる前に、角アは直線または二直角よりも大きいことから少なくとも180°を超え

(2) ㋐の角の大きさは何度ですか。答えを書きましょう。

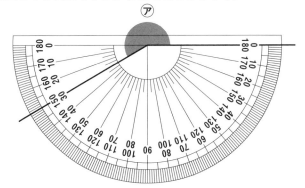

図5-3　全国学力・学習状況調査のA問題
(国立教育政策研究所　平成27年度全国学力・学習状況調査　小学校算数調査問題より)

ること確認しておけば，このような間違いはない。さらに180°を超えた部分(30°) の測定方法を既習事項を活用してイメージすることが大切である。180°までの部分を直線を引くことで明らかにした上で，残りの部分を測ることを明確にすることで大きな誤りは防げる。少なくとも180°より小さい角を答えとして出すことはなくなるはずである。

　このような誤答が出てくる背景からは，算数・数学で大切にしたい指導の方向が見えてくる。150°と答える子どもは，180°を意識していない場合が多い。つまり，角アを見た時に，分度器を使用しなくても直線を伸ばして引きさえすれば180°よりも大きいことがわかるはずである。しかし，この確認作業が行われていないのである。直線を超えて広がる角は180°よりも大きいことを実感的につかんでいないことが原因である。半円分度器を使用している子どもは，この確認をせずに180°の範囲内で対応する目盛を探すことになってしまう。角の大きさの計測の練習に終わることなく，計器の働きやよさを確認しながら正確かつ的確で，より能率的な測定方法を学ぶことが大切なのである。

　授業では，まずおよその角の大きさを見積もることから始める。示された角の大きさ (210°) が，どのくらいであるかを見積もり，その際に，直線，2直角または半回転 (180°) をもとにして判断できるようにする。

> T 9：なぜ200°くらいだと思ったのですか。
> C12：半回転より大きいし，それより20°くらい大きいと感じたから。
> C13：210°くらい。二直角より大きいから180°より大きくて，それより30°くらい大きい。
> T10：今の予想では，どちらも200°よりも大きいようです。予想の仕方で似ているところはどこですか。
> C14：半回転や二直角の180°を使っていること。
> T11：なぜ半回転や二直角を使って予想したのでしょうか。
> C15：それはすぐにわかるから。直線を引けばわかる。
> C16：直線は180°とすぐにわかるから。

　子どもが使用している半円分度器は180°までしか測定できないが，大きさの見積もりの議論の段階から，この分度器での180°よりも大きな角の大きさの測定方法の見通しをもつことができた。そこでは，分度器を使用しなくてもわかる角の大きさ（＝180°）について意見が集中している。余分な労力を省いて，能率的に測定するためのアイデアを確認することができる。このようなアイデアを明示的な指導によって測定方法のよさを自覚できるようにすることが大切である。

　自力解決に入ると，「直線を引いて180°と30°に分けて求める方法」と「360°から150°を引いて求める方法」が大半である。2つの方法のアイデアを確認するために，「なぜ2つに分けたのか，全体から引くのか」と問い直線（180°），円（360°）をもとにして考えていることを確認した。

> T16：なぜ180°とそれ以外の角に分けて測定したのですか。
> C24：180°は直線を伸ばせば角度を測らなくてもいいからです。あとは残りの角の大きさを測るだけだから。
> T17：180°は測らなくてもわかるというのはとても便利なことだね。360°から150°を引いた理由も説明してください。
> C25：一回転は360°だからこれも測らなくてもわかります。あとは150°の部分を測ればいいです。

> T18:どちらも分度器で直接測らなくてもわかるところを上手く使っているわけですね。

　このように二直角・半回転（180°）や四直角・一回転（360°）をうまく活用すれば，180°を超えた大きさでも180°内での測定さえすれば処理できることがわかる。このことを実感させるために，全円分度器を提示して，そこから半円分度器でも360°までの角の大きさを手際よく測定できることを確認した。

> T20:これは何かわかりますか。
> C28:円？…円の分度器？
> T21:そうです。全円分度器と言います。
> C29:360°まで測れるの？　それはずるいなあ。
> C30:それがあったら全部簡単にわかる。
> T22:では，なぜ皆さんは全円分度器ではなくて，半円の分度器を使っているのだろうか。
> C31:それがあったら勉強にならないからかな。180°より大きな角の大きさが何もしないで求められるから。
> C32:勉強しなさいということだよ。
> C33:直線を引いて分けたり，全体から引いたりして考えれば，180°までの半円の分度器でも測れるから必要がないんだと思う。だからこの分度器でいいんだと思う。
> T23:すぐにわかることを使って分けたり，引いたりすれば，半円の分度器でも問題ないというのはすごい発見です。

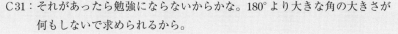

　「全円分度器でなくても問題ない」という発言は，既習事項を活用することで労力が軽減されるよさを経験したことの結果であり，既習事項を有効活用していこうとする態度につながるものである。
　「210°」を「150°」という誤答をなくすためには，ただ単に測定練習を形式的に繰り返すだけでは不十分である。180°より大きな角の測定方法を支えてい

る「直線で分ける」「全体から引く」というアイデアを確認しながら，そのよさを実感させていくことが求められている。能率的に測定ができる，しかも正確に作業ができるために，先人が考え出した方法を丁寧に確認していく授業が期待されている。

　算数・数学を学ぶことの価値の幾つかを事例を通して確認してきたが，これらが共通して主張しているのは，これからの時代を生き抜く人材に期待される望ましい態度や習慣，そして能力を算数・数学の授業を通して着実に育成していくことの重要性である。教科指導である以上，教科固有の知識・技能の習得の重要性は揺るがない。しかし，一方でその習得がゴールにならないために算数・数学で大切したい見方や考え方をつなぎ役として汎用性のある資質・能力の育成を目指していくことが求められている。

　さらに，その資質・能力を育成するために，学び手にとって真正で本物の学習の場が用意され，それを有効に活かしていく文脈が用意されることの大切さを各事例から読み取ることができる。主体的に学びに取り組むとともに，他者との協働の中から多様性を追究し，算数・数学の価値に出会うような文脈の工夫が求められる。

　教科指導の本質を見極めるために，改めて身に付ける力の明確化とともに，それをはぐくむための文脈の整理が期待されている。これらについては，次項以降で確認していくこととする。

❷ 算数・数学の授業ではぐくむ資質・能力

　平成19年度から実施されている全国学力・学習状況調査に先だって，国立教育政策研究所が「特定の課題に関する調査（算数・数学）」（平成17年）を行った。この調査は，日常事象の考察に算数・数学を活かすことや，算数の世界で事象を発展的・創造的に考察することなどに焦点を当てた，児童・生徒の「数学的に考える力」についての調査であった。この「数学的に考える力」は，「算数的活動や数学的活動を支え，遂行するために必要な資質や能力などの総称」

と規定され，これらが今後，算数・数学の指導で目指す資質・能力とされるものである。

これと並行しながら，コンピテンシー・ベイスでの授業づくりが世界的潮流となる中で，国立教育政策研究所はこれからの時代に必要とされる子どもに育成すべき資質・能力を「21世紀型能力」（平成25年）として整理し，教科等を横断する汎用的な能力に着目し，教科固有の特徴に基づく能力との区分を示している。また，文部科学省が行ったこの資質・能力についての「論点整理」（平成26年）でも，今後の教育課程の見直しのための検討が行われ，育成すべき資質・能力に対応し，現行の教科目標・内容を，次の三層で再検討することの必要性を指摘している。

　ア）教科等を横断する汎用的スキル（コンピテンシー）等に関わるもの
　イ）教科等の本質に関わるもの（教科等ならではの見方・考え方など）
　ウ）教科等に固有の知識や個別スキルに関するもの

さらに，教育課程企画特別部会より出された「論点整理」（平成27年8月）の中では，育成すべき資質・能力についての基本的な考え方として，次の3つの柱で整理している。

　ⅰ）「何を知っているか，何ができるか（個別の知識・技能）」
　ⅱ）「知っていること・できることをどう使うか（思考力・判断力・表現力等）」
　ⅲ）「どのように社会・世界と関わり，よりよい人生を送るか（学びに向かう力，人間性等）」

このような状況の中で，算数・数学科ではぐくむべき資質・能力を整理していくためには，算数・数学科の指導を通して身に付ける汎用性のある資質・能力や算数・数学科で大切にしたい見方・考え方について丁寧に分析しておく必要がある。

(1) 算数・数学で大切にしたい見方・考え方

算数・数学で大切にしたい見方・考え方については，2つの視点から整理することができる。

1つ目は，算数・数学の知識・技能を統合・包括する「キーとなる概念」である。算数・数学の固有の知識・技能に含まれる働きや必要性，よさや価値を表すものでもある。

　　事例1　（単位量）　　　　単位の考え　割合による大小比較
　　事例2　（大きな数）　　　数の仕組み　単位と幾つ分
　　事例3　（四角形）　　　　図形の構成要素
　　事例4　（角の大きさ）　　量の加法性　量の分解・合成

2つ目は，算数・数学ならではの認識・表現の「方法」である。算数・数学を学ぶ過程で身に付けていく思考や表現の方法，事象の見方などを表すものである。

　　事例1　（単位量）　　　　理想化　一般化
　　事例2　（大きな数）　　　形式化　単純化　一般化　統合・発展
　　事例3　（四角形）　　　　抽象化
　　事例4　（角の大きさ）　　統合・発展

これらの見方や考え方は，これまで「数学的な考え方」とされてきたもので，様々な整理や分類が試みられてきた。しかし，算数・数学で大切にしたい見方・考え方を分類・整理する目的は，これらに含まれる算数・数学らしい価値を指導のねらいにいかに盛り込むかということと，それを学習のプロセスにいかに位置づけるかということにある。つまり，算数・数学の固有の知識・技能と汎用性のある資質・能力とを結び付けながら，数学的に考える力として身に付けるための具体的指導イメージを明確にすることにある。

(2) 算数・数学で身に付ける汎用性のある資質・能力

算数・数学で身に付ける汎用性のある資質・能力についても，2つの視点からの整理が可能である。

1つ目は，算数・数学での学習が基本となる資質・能力である。算数・数学の学習で扱われる見方や考え方を繰り返し学習することで，次第に汎用性をもつようになるものである。

事例1　（単位量）　　　批判的思考　数理的処理のよさ
事例2　（大きな数）　　統合的な見方
事例3　（四角形）　　　論理的思考　数理的処理のよさ
事例4　（角の大きさ）　論理的思考

　2つ目は，算数・数学の学習で育成される資質・能力である。これは算数・数学の学習過程で身に付けていく問題解決の方法や表現が，それを繰り返していくうちに汎用性をもつものである。

事例1　（単位量）　　　情報選択　比較・検討　理由の説明
事例2　（大きな数）　　観察・把握　根拠の明確化
事例3　（四角形）　　　観察・把握　モデリング　生活の効率化
事例4　（角の大きさ）　既習活用　観察・把握　根拠の明確化

　このような算数・数学で身に付ける汎用性のある資質・能力を考える場合，数学的な学びのプロセスに着目して，それを丁寧に描くことが大切である。例えば，「全国学力・学習状況調査解説書・中学校数学」の「活用」に関する問題作成の枠組みには「数学的なプロセス」が示されている。この中では，日常の事象を数学化すること，与えられた情報を分類整理すること，情報を選択判断すること，結果を評価・改善すること，事象との関連をとらえること，多面的にものを見ること等が数学的な学びのプロセスとして示されており，その具体的な姿を評価問題の形でみることができる。

　このような学びのプロセスは，算数・数学固有の知識・技能や算数・数学で大切にしたい見方や考え方にしっかり支えられることでより確かなものになっていく。算数・数学らしく考えて主体的かつ協働的，そして創造的に学ぶ過程ではぐくまれる資質や能力が，算数・数学の授業はもちろんのこと，他教科や日常生活などの場面でどのように活かされていくのかを丁寧に点検していくことが期待されている。

❸ 算数・数学で期待される資質・能力をはぐくむ文脈

(1) 算数・数学を創る3つの文脈

授業づくりでは,「数学的に考える力」を育成するための文脈をいかに描くかが大きな課題である。数学的な学びのプロセスを大きな括りで整理すると,算数・数学を創る文脈を次の3つにまとめることができる。
・日常事象の考察に算数を活かすこと
・数学の世界で事象を考察すること
・論理的に考え,表現し,伝え合うこと
　1つ目は,日常事象を数学の舞台に載せて考察する文脈であり,「数学化」や「数学的モデル化」の過程が重要になる。この文脈では,事象を理想化したり単純化したりする等の方法がとても大切である。事例3（四角形）のように身近にある日常事象の中から,これまでに学習してきた基本的な平面図形を見出したり,図形の性質を活用して問題解決したりすることなどが考えられる。また,事例1（単位量）のように「お買い得」を比較するために,単位量当たりの大きさで問題をとらえて表現する場面なども日常事象が数学の舞台で考察することなどもこれに該当する。
　2つ目は,数学の世界の事象を考察し,事象の関係を整理したり,統合的・発展的に考察して体系を見出したりする文脈である。この文脈では,帰納,演繹,類推（類比）といった推論や,試行錯誤や試行接近などの方法が用いられることが多い。また,考察結果を振り返って見直すことも大切である。具体的には,事例2（大きな数）のように数の変化から関係やきまりを見出し,その考え方を活かして問題を解決して命数法として約束を一般化すること,また事例4（角の大きさ）で全円分度器と半円分度器を比較する過程で,量の測定の工夫に着目してより正確かつ的確で能率的な測定方法への関心を高めることなどが含まれる。
　そして3つ目として,根拠をもって論理的に考え,解釈したり表現したりする文脈で,これはいわば上の2つの文脈を支え,算数・数学としての文脈の価値を高めるものといってよい。事例3（四角形）で,天井の2点間の長さを床で間接測定してよい理由を根拠となることがらを明らかにしたり,事例2（大きな数）で,4桁の数の変化の様子からきまりを見出したりすることなどが含

まれる。さらに，このような事柄を算数・数学らしい表現を用いて表現したり伝えたりすることも大切である。

(2) オーセンティックな学習と明示的指導

　これらの文脈が確実に機能して「数学的に考える力」を育成していくためには，子どもが算数・数学の固有の知識・技能を駆使するとともに，算数・数学的で大切な見方・考え方を発揮して，算数・数学にふさわしい態度で考えようとする学習活動を実現しなければならない。特に，思考対象を明確にして課題に対して主体的に関わること，思考過程で他者との協働を通してより多様性を追究すること，さらには算数・数学の特質・特性を踏まえた思考を習慣化することに関心をもって取り組むことが大切である。

　子どもが思考対象を自覚しながら主体的に関わり，他者と協働的に多様性を追究していくためには，課題がオーセンティックで，解決の価値を感じさせる必要がある。これは，子どもの日常生活や学習経験との関係で決まるものであるが，問題解決の必要性や切実性をいかに担保するかが鍵となってくる。

　事例1や事例3のように日常での何気ない出来事を算数・数学の世界に引き込んで論理的，批判的に考察したりするためには，既習事項を活用して数学的に解釈するに適した場であること，また事例2や事例4のように算数・数学での学習経験を振り返ったり新たな視点から見つめたりすることで教科固有の知識・技能や算数・数学で大切な見方・考え方を統合したり，発展させたりするためには，既習経験とのずれや違いに関心をもってその要因や背景を追究していくことが可能な場を用意することが大切である。

　さらに，このような場を活かすためには，算数・数学を学ぶ価値を実感しながら，それを意識的に使っていく学びを支えるための工夫が必要になる。算数・数学の本質を教科の言葉で繰り返すことで，学んだ成果を子どもが自覚し，それを言語化したり道具化したりしていくことで，望ましい態度や習慣を築き，能力を育成することになる。このような明示的な指導の徹底が，教科指導が目指している人材育成を支えることになる。

❹ 算数・数学の授業に期待されていること

　教科指導は先人先達の文化遺産の継承という大切な役割がある。この文化の中には，多くの知恵が含まれており，それによって私たちはよりよい生活を営んだり，様々な課題解決をスムースに行ったりすることができている。

　算数・数学指導を通してこの知恵を伝えていくには，知恵の中身であるどのような資質・能力を身に付けさせるのか，そしてその知恵が生まれてきたプロセスを経験させるために，どのような文脈で授業を描いていくのかという授業づくりの基本に立ち返り，現状の授業改善を推し進めることが必要であることを確認してきた。コンピテンシー・ベイスでの授業づくりという新しい課題は，改めて算数・数学という文化を丁寧に受け継ぐための授業づくりを進めることの大切さを確認させてくれている。

■引用・参考文献

月刊「悠」編集部編(2002). 新しい教育課程を生かす教師の仕事. ぎょうせい.
国立教育政策研究所(2006). 特定の課題に関する調査(算数・数学)調査結果.
国立教育政策研究所(2009). 平成 21 年度全国学力・学習状況調査(小学校算数)調査結果.
国立教育政策研究所(2015). 平成 27 年度全国学力・学習状況調査(中学校数学)報告書.
文部省(1951). 小学校学習指導要領算数科(試案).
文部省(1951). 中学校学習指導要領数学科(試案).
奈須正裕・久野弘幸・齊藤一弥編著(2014). 知識基盤社会を生き抜く子どもを育てる(シリーズ新しい学びの潮流 1). ぎょうせい.
齊藤一弥(2011). 授業づくりの王道で技を磨く. 悠＋(はるかプラス)2011 年 7 月号, pp.12-15.
齊藤一弥(2015). 特別公開授業・第 3 学年・大きな数. 新算数問題研究会編, 新しい算数研究 2015 年 3 月号, pp.111-113.
清水美憲監修, 齊藤一弥編著(2015). 数学的に考える力を育成する授業づくり. 東洋館出版社.

補論

齊藤一弥 ✕ 奈須正裕

資質・能力育成の視点から,改めて各コンテンツの意味を確認したい

齊藤 今回の改革は,教科としてあるべき姿だとか期待する資質・能力ということもあるんだけど,現実問題,最後はそれを授業にできるかどうかってところが鍵でね。

奈須 こうやって学力論をいくら言っててもね。

齊藤 最終的には教育最前線の授業という場で,まずは教師が具体的なイメージを語れるかどうか,さらに教師が授業に勝算を持てるかどうか。

そこで,まず重要なのは教科書。多くの教員が授業づくりの拠り所とするのは,残念ながら学習指導要領でもなければその解説でもない。教科書と教科書会社の赤刷りだから。すると,次の学習指導要領改訂に向けて,内容よりも資質・能力の育成だという今回の趣旨を活かしたようなものを,教科書がその紙面上に描けるかどうかが,1つのポイントになってくると思うんです。

今回,私が4つの事例を挙げたのは,実は現行の学習指導要領下でも,やろうと思えばコンピテンシー・ベイスの授業はできるということを示し,そのポイントを整理したかったから。しかも,今回の事例くらいのものは,描こうと思えば教科書の紙面上でも描ける。

奈須 十分に描けますよね。すべて教材レベルに落とし込んであるというか,その水準の書きぶりでポイントを明示できるから。

でもまあ,これほど明示的ではない,あるいは構造的ではないにしても,B問題による世論誘導が奏効していることもあって,すでに算数の教科書は結構変わってきてはいるでしょう。

齊藤 そう。変わってきている。でも逆に言えば,現行の学習指導要領下でも,やろうと思えばコンピテンシー・ベイスの授業はいくらでも創れるし,また教科書もまだまだ不十分とは言え,結構変わってきているのにも関わらず,なぜ現実の授業はそれほどには変わってこないのか。

奈須 そこが問題ですね。

齊藤 そこにより深刻なもう1つの問題があって,要は教師が資質・能力を育

成するという視点から教材とか内容を見ていない。

奈須 発想がないんでしょ。

齊藤 教材が持っている知識・技能，つまり内容，コンテンツね。それに対する概念というか，解釈が違うんじゃないかと思うんですよ。

　たとえば，事例2に書いた命数法・記数法で考えると，多くの教師は，大きな数と言えば，その数が読めて，書けて，万・億・兆といった位が正確に言えればいいと思っている。でも，それではその知識・技能を活かして，何か次の課題を解決するというところにはたどり着かない。だから，授業だって，個別内容の伝達・確認・習熟の域を超えないんですよ。

　一十百千という繰り返しで，後は万と億と兆との組み合わせによって，少なく覚えて多くを表現できるようにした，その先人の知恵が実はこの知識の中にある。だから，知識というのは単に個別の内容を覚えたり理解すればいいんじゃなくて，その知識の働きやよさや必要性まで知って初めてその知識を身に付けたことになるというふうに，知識・技能，つまり内容の概念それ自体を転換していく必要がある。

　すると授業づくりも，その知識が持っている働きやよさや必要性といったことに関心が向かうようなものを目指すようになるし，そういった授業になれば，子どもはおのずとそれを使って課題解決をしたり議論したりするから，結果的に算数・数学が培うべき資質・能力が徐々に身に付いていくはず。

　だから，何かすっかり新しいことをやるんじゃなくて，本来的にこれまでもやるべきだったことがやれてなかったんだから，資質・能力の育成という視点からもう1回すべての知識を深掘りして，それぞれの内容の意味を確認するという仕事が，まずは大事なんじゃないかと思うんです。

知識が今の形になった経緯と理由を考えよう

奈須 学校で教えている内容ってのは，学問的探究なり社会改造の成果の選りすぐりじゃないですか。これは他の教科でも繰り返し出た話題なんだけれど，その成果だけを所与のものとして教えるからダメで，まず，そこに至るまでに

永いプロセスがあったんだという理解，さらに，その知識は生き残ってきたんだという感覚，そして，生き残ってきたのにはそれなりの理由が必ずあって，それこそが教えるべき価値があるものなんだという押さえが大事ですよね。

齊藤 そう。教科は先人が生み出した文化遺産の伝達・継承ではあるんだけど，それは単に結果としての文化遺産の断片を「こういうことだったんだ」と受け渡すことではない。その文化が培われてきた筋道を，あたかも子どもが考えているかのごとく追体験させることが大事なわけです。

奈須 そのためには，全円分度器なんかは個人的には面白かったんだけど，今目の前にある知識なり道具すべてについて，その形に至るまでにはそれなりの経緯と理由があったんだという感覚が教師には必要ですね。また，そういった角度から教材研究をしたり，発問を考えたりしてみるといい。そう考えると，たとえば90度分度器なんてアイデアは，どうなんですか？

齊藤 180度に比べて，90度を作図するのはぐっと難しいから。

奈須 なるほど。でも，そういう思考が180度の唯一性を際立たせ，意味処理を深いものにする。直線が180度というのは，聞けば答えられる子どもは多いけれど，深く意味的には理解してはいないでしょうからね。

齊藤 数詞も同様で，例示した大きな数以前に，そもそも1からはじまって8，9，10と，その次がなぜ11，12，13，14なのか。別に，イヌ，パンダ，ネコ，ウサギでもいいわけです（笑）。こう問えば，子どもは「そんな多くはとても覚えきれないよ」「だから先生，11っていう風に，十の単位と1っていう表し方にしたんじゃないか」「1から9までだけで，どんな大きな数でも表せるようにしたのはスゴイ」となる。でも，これこそが十進数の仕組み。

奈須 「イヌ，パンダ，ネコ，ウサギでもいいじゃないか」って発想できることが，とても大事ですね。教師がこれを繰り返していると，子どもにも次第にその見方・考え方が身に付いてくる。

齊藤 そんな子どもが高学年で英語を勉強すると，イレブン，トウェルブまで数詞があることに気付いて「不思議だなあ」って考えるようになる。

奈須 そこは十二進法だから。ダースなんてのもあるし。

齊藤 すると，そういうところにそれぞれの文化もあるんだねって話になるし，子どもは知識の裏側，背景にだって興味を持つようになる。数詞みたいに極めて日常的な，もう覚えるしかないみたいに思われている内容にしたところで，探究すべき，思考すべきことはいくらでもあるんです。

　さらに言えば，14世紀に小数が生まれてくるからね。すると今度は，小数点以下は単位を付けないでいこうと。0.31を「さん・じゅうぶんのいち，いち・ひゃくぶんのいち」なんて言わないでしょう。

奈須 なるほど。1より下の桁は単位がないんですね。

齊藤 そんなところにも子どもの関心が向くようになれば，おのずと授業はすべて探究型になってくるし，そこまで行けば，もう自由研究でもいい。

算数・数学は生き方

奈須 結局のところ，算数・数学ってのは「なるべく楽して簡単に仕事したい」って教科なんですか？

齊藤 ものすごく単純化しちゃうとね。でも，それを求めれば求めるほど，一方で「本当にそれで大丈夫か」と，疑い深く，批判的に，鋭い感覚でその妥当性をキチンと判断していこうとする動きも求められるから。これを「鋭い道徳的感覚」なんて呼ぶこともある。その両方ですね。

奈須 楽しようとするからこそ，キチンとしないといけなくなる。だから図形の証明問題なんかでも，当たり前の前提条件からわざわざ明記する。そもそも，こういった算数・数学ならではのよさ，教科の本質を子どもが感得していないから，証明や論証も実感的意味が伴わないお作法みたいになっているんでしょうね。それにしても，算数・数学でも「道徳的感覚」って言うんだ。

齊藤 それはやっぱり，人間の生き方だから。

奈須 なるほど，そこに文化を生み出してきた人間の姿が垣間見えてこないということ自体，いかにこれまでの算数・数学の授業が，文化遺産の結果のみを所与のものとし，さらに断片化して伝達・確認・習熟することに偏っていたか，ということなのかもしれません。

第6章

理科
科学的探究の理解とそれを用いる能力

丹沢哲郎

1 はじめに

　OECD の DeSeCo（Definition and Selection of Competencies）が提唱したキー・コンピテンシー（OECD, 2005）の3つのカテゴリー（道具を相互作用的に用いる，異なる特性を持つ人々から成る集団の中で相互に関わり合う，自立的に行動する）のうち，第一のカテゴリーに該当する能力を測定・評価しているのが PISA（Programme for International Student Assessment）である（松下，2011）。周知のように，そのうち理科に関係する能力を科学的リテラシーと称し，2012年調査においては，日本の15歳児の平均得点は，比較可能な2006年調査以降最高得点となり，順位も OECD 諸国中でトップとなった（国立教育政策研究所，2013）。

　このように，日本の生徒の理科に関するコンピテンシーは，PISA の結果を見る限り，極めて高いレベルにある。しかしながら，前述の松下（2011）が指摘するように，「PISA では，カテゴリー1のコンピテンシーの一部がカテゴリー2や3のコンピテンシーと切り離されて，独立に測定・評価されている」のであり，「PISA が教育政策を通じて教育実践に大きな影響をもつようになったとき，このリテラシーの切り詰めは，実践の全体性を損ねるようになる」（p.42）という問題は残っており，結果を手放しで喜べる状況ではない。

　そこで本稿では，世界各国において様々な類似の用語で呼び表されているホリスティックな資質・能力育成に関して，理科教育界がこれまでどのような取

り組みをしてきたのかを，筆者が専門とするアメリカ合衆国（以下アメリカと略す）を事例に振り返る。そして，このような能力を育成するために理科がどのように関われるのか，またその指導のあり方について，具体的な実践例に触れながら論じてみたい。

❷ アメリカにおける科学的リテラシー論の変遷

今や，科学的リテラシーというとPISAの定義を参照する事例が圧倒的に多く，確かに直近のところでも，PISA2015の調査フレームワークとして表6-1に示すような科学的リテラシーの定義が示されている。そして，PISAがあえてこの言葉を用いるのは「（生徒の）生活状況という文脈の中で科学知識を活用すること（application）に重要性を見出している」からであると述べている（OECD, 2013）。ここには，一人の自立した市民として，科学の考え方のみならず，科学や技術が関係している社会的な課題に対しても，持てる知識を活用しつつ積極的に関わろうとし，関わることのできる生徒の育成を目指したPISAの基本的な立場を読み取ることができる。

このような測定の目的は，日本において3年に一度実施されている理科の全国学力・学習状況調査の問題とその理念が一致しており，諸外国の教育政策に

表6-1　PISA2015における科学的リテラシーの定義

> 科学的リテラシーとは，科学に関連した課題や科学のアイディアに，一人の思慮深い市民として関わる能力のことである。
> 　それゆえ，科学的リテラシーを身につけた人は，科学と技術に関する理性的な対話に進んで関与しようとし，以下のようなコンピテンシーを有している。
> 1．現象を科学的に説明できる。
> 　自然と技術に関する幅広い現象を認識し，提供し，評価する。
> 2．科学的探究を評価しデザインできる。
> 　科学研究のプロセスを記述・評価し，疑問や問いに科学的に答える方法を提案する。
> 3．科学的にデータと証拠を解釈できる。
> 　多様な形で表現されたデータや主張，そして議論を分析・評価し，科学的に適切な結論を導く。

対するPISAの影響力を，私たちに改めて認識させる。しかしながら，前述のように，ペーパーテストという制約上，PISAや全国学力・学習状況調査が測定しようとしているのはキー・コンピテンシーの一部であり，科学的リテラシーの中で言うコンピテンシーは，キー・コンピテンシーの一部に過ぎないことに留意したい。グローバル化や情報化などによって特徴づけられる現代社会に求められる資質・能力を育成するための授業実践は，いまだ課題として私たちの手元に残されているのである。

では，科学的リテラシーという考え方は，そもそもどこで，いつの時代に，いかなる考え方として提唱されてきたのか，そしてその言葉の意味する中身はPISAの科学的リテラシーと何が違うのか等々について，以下に検討する。

(1) 科学的リテラシーという言葉の誕生

世界の理科教育の変遷を通史的に見てみると，理科においては，一貫して科学的思考力や科学的問題解決の能力育成，さらには自然界を見る概念的な理解が追究されてきた。しかし，これらの能力や理解を何のために求めるのか（理科教育の目的）に関しては，時代状況や文化の違いによって多様な考えが提案されてきた。つまり，一方では，すべての子どもたちを対象とした一般普通教育の目的である個人の発達や民主主義社会の維持・発展のためにその意義が主張され，もう一方では，科学者や技術者といった将来の科学・技術系人材育成と国家の国際的競争力強化のためにそれが主張されてきた。もちろんのこと，コンピテンシーとか科学的リテラシーといった考え方は，教育学的には前者に該当するのであるが，国家が自国の繁栄のためにこれらの能力育成を主張している感は拭えない。したがって，理科教育の目的・目標は，基本的にこれら2つを両極に取ったときどこに位置づくかによって定められると考えてよい。

さて，科学的リテラシーという言葉は，結論から先に述べると，理科教育の目的・目標を論じる中で，アメリカにおいて1940～50年代に初めて用いられた用語である。アメリカでは，20世紀に入り公教育の大衆化が進み，特に高等学校在籍者数は1900年から1930年代までに約8.7倍に増大し，進学割合は

67%に達した（CASMT, 1950）。また，この時代は，教科としては「新参者」であった理科が，学校教育の正式科目として成立した時期でもあり，理科をすべての生徒がなぜ学ばなければならないかが盛んに議論された時期であった。結果として，理科の形式陶冶価値に対抗して，また，特に高等学校における大学入学準備教育へのアンチテーゼとして，さらに，変化しつつある社会を効果的に生き抜く若者を教育する教科として理科の重要性が認識されるようになっていく。

　このような流れの中で登場したのが科学的リテラシーという言葉である。研究者によって，この言葉がはじめて用いられた時期に関して指摘の違いがあり，たとえば齋藤（2007）は，J. B. Conantによる1952年であるとし，また神谷（2015）は，同じ1952年にP. F. BrandweinがLiteracy in Scienceという類似の言葉を用いていることを指摘している。また丹沢（2006）は，理科教育界では通説として1958年にP. D. Hurdが用いたと述べている。しかし，このうちConantが用いたこの言葉の意味は「高度な科学的教養」や，専門家が「現代社会という文脈のなかで科学という営みの価値を洞察する力」（齋藤，2007，p.17）を示しており，多様な背景を持つすべての生徒のための共通教養を意味していない可能性が指摘されている。それに対して，BrandweinやHurdは明らかに現代的な意味で科学的リテラシーを捉えており，その意味する内容が現代に直結しているという点で，1950年代末に，現在言うところのキー・コンピテンシーに相当する概念がアメリカにおいて登場したと結論できる。

(2) 科学的リテラシー概念の意味：1980年代

　1950年代に登場したこの言葉は，その後，1960年代を中心とするアメリカ科学カリキュラム改革運動の中でその姿が消えていく。というのも，この時代の理科教育改革は，東西冷戦構造やそれに伴う軍事技術の高度化の要請，さらにはソ連とアメリカの宇宙開発競争の激化などを受け，優秀な科学者・技術者養成を主な目的として進められたからである。しかも，科学系人材が大学や研究機関において決定的に不足していたという当時の状況もこの動きを後押しし

た。この時代は，前述した理科教育の目的に関する2つの極のうち，「将来の科学・技術系人材育成と国家の国際的競争力強化のため」の理科教育が強力に展開された時期であった。

しかしながら，この運動が一定の成果を挙げ，同時に科学・技術が社会にもたらした負の側面が顕著になる中，再び科学的リテラシーの考え方が登場する。言うなれば，科学カリキュラム改革運動に対するアンチテーゼとしてのこの言葉の復興である。特に，1980年代にアメリカを中心に世界的に展開された理科におけるSTS教育運動では，その目的が科学的リテラシーの育成にあるとして，この言葉の意味が定義された。たとえば全米（あるいは世界）最大の理科教育関連学会であるNSTA（National Science Teachers Association）は，STSの主要な目的が科学的・技術的リテラシーを身につけた人の育成にあることを宣言した上で，リテラシーを身につけた人は表6-2に示すことができると定義した（NSTA，1990）。

ここに抜粋した各項目を見ると明らかなように，これらはすべてOECD/

表6-2　NSTA 1990年基本声明（一部抜粋）

「S/T/S：すべての生徒に適切な科学を提供するための新しい挑戦」
- 仕事や余暇を含む日常生活の中で，問題解決したり責任ある意思決定を行ったりするとき，科学と技術の諸概念を用い，かつその倫理的な価値について情報に裏づけられた反省的思考をすることができる。
- 証拠に基づく合理的な議論を行うことによって，下した決定や行動を弁明する。
- 観察可能な世界を研究するときに，懐疑主義や注意深い方法，論理的な推論，そして創造性を用いる。
- 科学と技術に関する情報を探し，収集し，分析し，そして評価する。そしてこれらの情報を，問題解決と意思決定，ならびに行動に生かす。
- 科学と技術の発展がもたらす利益と負担を吟味する。
- 人間の快適な生活を推進するために，科学と技術の長所と限界を認識する。
- 個人が直面する課題や地球的な課題に科学と技術が関係するとき，その政治的側面や経済的，道徳的側面，そして倫理的側面について考慮する。
- ある自然現象が起こる原因やしくみについて説明をする。そしてその説明の妥当性を検証するかもしれない。

DeSeCoによるキー・コンピテンシーのカテゴリー1「道具を相互作用的に用いる」に相当するものである。しかしながら，同基本声明には，STSプログラムの特徴として「生徒が自身で同定した課題を解決しようと試みるとき，市民としての役割を経験する機会を提供する」「学習プロセスにおける自律性を求める」などが示されており，カテゴリー2の「集団の中で相互に関わり合う」とカテゴリー3の「自立的に行動する」に該当する記述も見られる。筆者が実際に参観した高校のSTS授業でも，グループを形成して協同的に問題解決に携わり，各自に割り当てられたタスクを自立的にこなし，結果を互いに分かち合い，議論に基づく共通理解を通してタスクの達成を目指していた生徒の姿が印象的に思い出される。

(3) 科学的リテラシー概念の意味：1990年代以降

その後のアメリカでは，国の国際的競争力強化のための手段として理科教育が位置づけられ，理科教育界は強力な国家的干渉を受けることとなる。アメリカでは連邦政府が州の教育に直接干渉することが禁止されているため，国が教育改革を推進するためには，連邦法を制定して「財政誘導」する手法がしばしば用いられてきた。前述した1960年代の科学カリキュラム改革運動はその典型的な事例であり，同様の手法が，1991年制定の "Goal 2000: Educate America Act"（H.R. 1804）において用いられた。そこでは「科学と数学の到達度において，アメリカの生徒は世界一となる」ことが国家教育目標の1つとして定められ，その方策として質の高い教育スタンダードの開発が州に求められた。

そして国は，州が独自の教育スタンダードを制定する際のモデルとなる "National Science Education Standards"（NRC, 1995）を発表した。そこでは次ページのような科学的リテラシーの定義がなされている。

アンダーラインを引いた文章に特に明示されているように，ここで定義されている科学的リテラシーも，NSTAの「基本声明」同様，OECD/DeSeCoによるキー・コンピテンシーのカテゴリー1「道具を相互作用的に用いるだけでなく，その他の「集団の中で相互に関わり合う」「自立的に行動する」に該当す

> 科学的リテラシーを身につけた人は，日常経験に対する好奇心から導かれる探究をしたり，意思決定したりすることのできる人のことを意味する。このことは，<u>自然現象について記述し，説明し，かつ予測する能力</u>を持っている人を意味する。科学的リテラシーを身につけることによって，一般報道での科学記事を理解しながら読むことができ，<u>結論の有効性について社会的会話に積極的に関わる</u>ことができる。科学的リテラシーには，意思決定が必要な国・地方の<u>科学的問題を識別する</u>ことができ，<u>科学や技術に関する内容ついて，自分の立場を表明する</u>ことができることを含む。リテラシーを獲得した市民は，科学情報の出所や，その情報が作成された<u>科学的方法の理解に基づいて，科学情報の質を評価する</u>ことができるべきである。さらに科学的リテラシーは，<u>証拠に基づいた議論を行い，証拠を吟味し，かつそのような議論から結論を適切に導く能力</u>を意味する。技術に関する用語を適切に使用し，<u>科学概念と科学の方法を適用する</u>といったような方法で，個々人は科学的リテラシーを表現するのである。（p.22, アンダーラインは著者）

る記述も見られる。特に，「自然現象を記述・説明・予測する」「問題を識別する」「理解に基づいて情報を評価する」「概念と方法を適用する」などといったカテゴリー1に該当する内容が顕著であるが，同時に「社会的会話に関わる」「自分の立場を表明する」など，相互の関わり合いや自立的な行動も明示されているのである。

　続いてアメリカでは，学習科学の知見などを取り入れた新しい理科のスタンダードの開発に，21世紀に入り着手した。その結果として，スタンダードの枠組みを定めたフレームワーク（NRC, 2012）と，新しいスタンダードが2013年に発表された（NGSS Lead States, 2013）。これらの書物の中では，前スタンダードのキーワードであった科学的探究（scientific inquiry）や科学的リテラシー（scientific literacy）といった言葉の使用が意識的に避けられているように読める。筆者の友人であるアメリカの研究者たちは，その理由について「これらの用語は手垢にまみれてインパクトを失った」とか「科学的探究の意味が多様に捉えられてしまっている」などと本音に近い理由を述べてくれたが，学術的な背景については定かではない。代わって，scientific practice や

literacy in science という言葉が用いられることとなったが，全体を概観すると開発の理念は変わっていない。たとえば，「フレームワーク」では，本書の目的について以下のように述べている。

> 本書の全体を覆う目的は，第 12 学年の終わりまでに，すべての生徒が以下のことをできるようになることである。すなわち，科学の美しさと驚きを味わい，科学と技術に関連する課題についての公的な議論に参加するために科学的・技術的知識を保有し，日常生活に関連した科学情報や技術情報の注意深い消費者となり，科学・工学・技術に関するキャリア選択を確かなものとするようなスキルを身につけることである。(p.1)

以上の新旧 2 つのスタンダードに表明されている生徒の姿，あるいは将来の市民の姿こそ，現在のアメリカ理科教育の科学的リテラシー像に他ならず，またそれは，OECD/DeSeCo の言うキー・コンピテンシーそのものなのである。

(4) アメリカとOECD・PISAにおける科学的リテラシー

本節では，これまでアメリカの理科教育界における科学的リテラシーの意味するところを，関係部分に限定してかいつまんで通史的に見てきた。そしてその特徴をキー・コンピテンシーとの対応によって検討してきた。最後にここでは，PISA が測定しようとしている科学的リテラシーの要素との対応関係を，前述した 2015 年調査のフレームワーク（OECD, 2013）をもとに見てみたい。

PISA が科学的リテラシーを評価するために設定した側面（aspect）には 4 つのものがある。それは文脈（context），知識（knowledge），コンピテンシー（competencies），そして態度（attitudes）である。表 6-1 は，このうちのコンピテンシーの内容を抜き出して示したものであるが，PISA の測定しようとしている資質・能力の全体像を示すと図 6-1 のようになる。これを見ると，これまで論じてきたアメリカの科学的リテラシー概念は，人との関わり合いの中で問題解決をしたり，自ら意思決定し行動したりといった能力も含んだ理科に限定されないキー・コンピテンシーの，科学ヴァージョンと言ってよいものである。PISA では理科のペーパーテストで測定可能な範囲のものを科学的リテラ

```
OECD/DeSeCoによるコンピテンシー
            ↓
学校で育成すべきキー・コンピテンシー　（アメリカの科学的リテラシーに相当）
    その一部（特にカテゴリー「道具を用いる」に関連して）
            ↓
PISAが測定する理科の資質・能力　（科学的リテラシー）
    ├─ 一般的定義
    └─ 測定する4つの側面
            ├─ 文脈　　　　contexts
            ├─ 知識　　　　knowledge ─┬─ 内容に関する知識 content knowledge
            │                         ├─ 方法に関する知識 procedural knowledge
            │                         └─ 認識に関する知識 epistemic knowledge
            ├─ コンピテンシー competencies ─┬─ 自然現象を科学的に説明する
            │                               ├─ 科学的探究を評価しデザインする
            │                               └─ データと証拠を科学的に解釈する
            └─ 態度　　　　attitudes
```

図6-1　PISAの測定する科学的リテラシーの構成要素

シーと総称しているが，アメリカのその定義はより広い。ただし，PISAの科学的リテラシーも，その一般的定義において「一人の思慮深い市民として（問題解決に）関わる能力」と述べており，キー・コンピテンシーを踏まえた考えを当然のことながら視野に収めている。いずれにせよここで指摘しておきたい重要なことは，PISAが測定する科学的リテラシーとは，アメリカ理科教育界が目標として育成に取り組んできたものに他ならないということであり，また日本においても，その多くの部分はこれまで明示的に取り組まれてきたということである。

❸ コンピテンシーと理科の本質

　本節では，理科の本質を考えるときに，その主要な柱となる「科学的知識」と「問題解決のプロセス」の両面を検討する。それは，「どのような内容を」「どうやって教えるか」に直結する議論であるからであり，同時にPISAにおける科学的リテラシーの「知識」と「コンピテンシー」に対応する議論であるからである。「知識」に関しては，図6-1に示す通り科学の「方法に関する知識」

が含まれており，その点では両者は互いに関連しているのであるが，ここでは便宜的に両者を分けて論じることとする。

(1) PISAの科学的リテラシー概念の概要

上記検討を始める前に，図6-1に示した科学的リテラシーを構成する知識とコンピテンシーが，それぞれ具体的にどのような内容を意味しているのかを確認しておきたい。それは，コンピテンシーと理科の本質・特色との関係性を論じるために必要な手続きであるからである。表6-3に，2015年調査のフレームワークに示されている知識の内容を，表6-4にコンピテンシーの内容を訳出した（OECD, 2013, pp.15-16, p.19, 21）。ただし，「内容に関する知識」については，理科の調査領域を示しているに過ぎないためここでは割愛し，表6-3には「方法」と「認識」に関する知識についてだけ訳出した。

まず表6-3の「方法に関する知識」には，科学における実験や観察において用いられるプロセス・スキルに相当するものが示されている。これは，ガニエの理論をもとに1960年代のアメリカのカリキュラム改革プロジェクトであるSAPA（Science- A Process Approach）が用いたカリキュラムのフレームワークである。一方「認識に関する知識」は，科学認識論や科学哲学さらには科学社会学に関する科学の本質・特徴についての知識に相当しており，それは，科学知識の妥当性の保証がどうやって得られるかに関する知識と言ってもよい。そもそも，以前のPISA調査では，「知識」に関しては「科学の知識」と「科学についての知識」の2つに分けられていた。これが2015年調査では，後者がさらに二分割され，科学研究において実際に用いられているスキルと，科学の認識論的側面に分けられたのである。いずれにせよ，具体的な科学知識と共に，こういった科学研究をメタ的に見た知識が現在は問われている。

一方，コンピテンシーに関わる表6-4では，表6-3の「方法に関する知識」に挙げられた実験や観察のスキルに関する知識を実際に用いる能力が求められている。いわばスキルの活用能力がここに示されていると言ってよい。そのスキルを，仮説設定（説明）の段階と，実験・観察デザインの段階，そして結果

の解釈・結論の導出の段階の3つに分けて記述している。これらを総称的に表現するなら,科学的探究を遂行する諸能力と言い換えてもよい。いずれにせよ,ここで言うコンピテンシーは,前述の「方法に関する知識」と「認識に関する

表6-3　PISA:科学的リテラシーにおける知識の内容

方法に関する知識

- 従属変数や独立変数,コントロール変数を含む変数に関する概念
- 量的(測定),質的(観察),尺度の使用,カテゴリー変数と連続変数などの測定に関する概念
- 測定の繰り返しや測定値の平均など妥当性を高める方法と測定の方法
- 再現性とデータの正確さを保証するメカニズム
- 抽象化を行ったり,表やグラフ,図を使用しながらデータを示したり,それらを使用する共通の方法
- 変数をコントロールする方略と実験計画におけるその役割,あるいは,曖昧な結論を避け,考えられる原因をきちんと追究できるメカニズムを同定するために用いられるランダムな選択やコントロールされた試み
- 実験やフィールド調査,パターンの発見など,科学の問いに答えるための適切な実験デザインの性質

認識に関する知識

科学の構成概念と科学を定義する特徴

- 観察,事実,仮説,モデル,そして理論の本質
- 技術と区別した上での科学の目的と目標
- 研究成果の公表,客観性,そしてバイアスの除去といった科学の価値
- 帰納的推論,演繹的推論,最良の説明への推論(アブダクティブな推論),アナロジーやモデルを用いた推論など,科学で用いられる推論の本質

科学が知識の正当性を主張するときの,これらの構成概念や特徴の役割

- 科学的な主張は,データや推論によってどのように支持されるか
- 知識を確定するときに行われる様々な形態の探究の機能,その目標,そして研究デザイン
- 測定誤差が,科学知識の確証の程度にいかに影響を与えるか
- 物理的モデル,システムモデル,抽象的なモデルなどの使用と役割,そしてその限界
- 科学における協同と批判の役割,そして科学の主張が確証を得るためにピア・レビューがいかに役立つか
- 社会的,技術的課題を同定し解決するときの,科学知識と他の形態の知識が共に果たす役割

表6-4　PISA:科学的リテラシーにおけるコンピテンシーの内容

自然現象を科学的に説明する
様々な自然現象や技術現象に対する説明を認識し，提出し，評価する。そのために以下のことができる。 ・適切な科学知識を想起し活用する。 ・説明のためのモデルと表現を同定し，使用し，作り出す。 ・適切な予測を行い，その正当性を示す。 ・説明のための仮説を提案する。 ・社会のために科学知識がもつ潜在的な意味を説明する。
科学的探究を評価しデザインする
科学研究を記述・評価し，問いに答えるための方法を提案する。そのために以下のことができる。 ・理科の学習で調べる問いを同定する。 ・科学的に調べることが可能な問いを識別する。 ・問いを科学的に調べる方法を提案する。 ・問いを科学的に調べる方法を評価する。 ・データの妥当性や説明の客観性・一般化可能性を保証するために科学者が用いている様々な方法を記述し評価する。
データと証拠を科学的に解釈する
科学データや主張，議論などを，多様な表現方法を用いながら分析し評価する。そして適切な結論を導く。そのために以下のことができる。 ・ある表現のデータを他の表現に変える。 ・データを分析し解釈する，そして適切な結論を導く。 ・科学に関連した文章の中にある前提条件や証拠，推論などを同定する。 ・科学的な証拠や理論に基づいてなされている議論と，他の事柄に基づいてなされている議論とを見分ける。 ・科学的な議論を評価し，異なる資料(たとえば新聞，インターネット，雑誌など)から得られた証拠を評価する。

知識」に緊密に関係しており，科学的リテラシーは，科学研究に関するメタ的・認識的知識と実践的探究能力の2つの側面から構成されているのである。

(2) コンピテンシー育成と理科固有の知識

　PISA調査において，「内容知識」に関しては化学変化，力と運動，生態系等々が内容知識の調査範囲として示されているが，これらは当然のことながら日本

の理科においてもすべて教えられている内容である。ここで，理科の本質としての理科固有の知識を問題にする場合は，こういった事柄を対比することが重要なのではなく，どのような知識をどの程度取り上げれば，生徒が科学概念を獲得したり，それを変容させたり，新規な（個人的・社会的）問題に活用できたりするかを検討することが重要である。つまり，PISA の言う理科におけるコンピテンシーを発揮する上で，どのような「内容知識」が必要かを検討することが重要なのである。

　筆者も作成協力者として関わった現行の高等学校学習指導要領理科・生物の改訂に当たってはこの点が集中的に議論され，たとえば新しく設けられた科目である「生物基礎」における「生物の体内環境の維持」という単元では，従来の些末な知識獲得は止め，生物がいかにして外部環境の変化に対してシステマティックに体内環境を維持しているかを理解することに絞って，知識内容を精選した。

　新しい問題解決に取り組む際（コンピテンシーを発揮する際），既有の知識やスキルを活用できるためには，様々な知識が断片的に存在するのではなく，一定の意味のまとまりをもって構造化されている必要がある。この構造化された知識とは科学概念に他ならない。科学概念とは「人の心に存在するひとまとまりの考え方（unit of thought）のことであり，（中略）概念の形成は，ある事象から共通の形態や性質を認識する過程と見なされる」(Lawson, 1995, p.69)のである。たとえば，生態系を構成する「生産者」「消費者」「分解者」それぞれに共通する性質を同定し，生産者は無機物から有機物を合成する生物であり，それは光合成の働きにより行われ，さらに光合成には二酸化炭素と水，光が材料として必要であるといった他の生物と区別される共通の働きが有機的に理解されるとき，はじめて生態系のバランスの問題に取り組むことが可能となる。

　このように，問題解決のためには，構造化された知識（科学概念）が必須であり，したがって，理科の学習には単に事象を知っていることではなく，意味ある理解が求められることとなる。古くから西欧諸国の理科教育で主張されてきた Less is More という表現は，より少ない知識内容（範囲）をより深く学ぶ

ことによる理解の育成を意味し，こういったアプローチがコンピテンシー育成には必要となるであろう。

ところで，知識を構成する「方法知識」と「認識知識」に関してはどうであろうか。前者については，たとえば小学校学習指導要領解説では，科学的な能力として，比較，変化の要因との関係づけ，条件の制御など PISA の測定する「方法知識」を問題解決の過程を通して学ぶことを求めているし，中学校でも科学的探究場面でこれらの重要性について，各教師が熱心に指導している。つまり，この「方法知識」に関してはこれまでの日本の理科教育が熱心に取り組んできたものであり，ここに大きな問題を感じない。問題なのは後者の「認識知識」である。科学の営みとはどういうものなのか，科学の方法は自然界のしくみをなぜ解明できるのか，またその限界はどこにあるのか，さらには科学はどうやって研究者が同意する結論を得ることができるのかといった科学についてのメタ的知識は，学習指導要領でまったく取り上げられていないし，おそらくほとんどの教師がこのような指導を意識していない。つまり，日本の理科教育に決定的に欠落しているのがこの「認識知識」なのである。アメリカの理科教科書の冒頭には，しばしばこういった内容を扱った特別な章が設けられているし，表 6-2 に示した NSTA の基本声明にも，表中には割愛してあるが，仮説や予測の重要性とその機能などが掲げられている。ただし，指導の際に気をつけたいのは，科学とは何かということをまとめて学べばそれを理解できるかというとそうではなく，問題解決や科学的探究の実際の過程を通して，そのプロセスを振り返りつつ，自分の行為をまさにメタ的に見直しながら学ぶことである。

(3) コンピテンシー育成と理科で学ぶスキル

一方スキルに関しては，理科教育では実験器具等を操作するスキル（操作的スキル）と，思考操作をするスキル（認知的スキル）の2つが設定される。特に表 6-4 のコンピテンシーと直接関係するのが後者である。

日本の理科では，昭和 40 年代の学習指導要領以降，問題解決や科学的探究活動を通して知識を学ぶことを重視してきた。実際の学習活動を通して各種の

認知的スキルを学び，それに続く学習においてそのスキルを活用する指導を工夫してきた。しかしながら，内容知識の重視という姿勢に比べて，こういったスキル育成の重要性を深く認識する姿勢はまだまだ多く見られないというのが率直な感想である。今後，日本の理科教育においては，学習指導要領において各種のスキルを取り上げ，教師はその価値を認め，どのような場面でそれらのスキルを使用したらよいかを考え，授業改善を図らねばならない。

ここで取り上げた認知的スキルは，第1章において奈須が紹介するような「汎用的スキル」とも直接関わり，同時に理科の本質をなす。自然科学が獲得した問題解決の方法と，その過程で用いられるスキルは，他教科における問題解決にも広く適用可能なものであり，「教科総がかり」でこういったスキルを育成することによって，コンピテンシー育成を図らねばならない。

(4) 自然科学が用いる論理：理科の本質的「思考方法」

第1章で奈須が指摘するように，「正解」が存在せず，「最適解」を自力で，あるいは他者と協働して探すことが求められる知識基盤社会においては，理科の果たす役割は極めて大きい。それは，理科が基盤とする自然科学がそもそも協働的な営みであり，自然科学も決して「正解」や「真実」を明らかにできないからである。特に後者の点は理科教師自身が認識していない自然科学の本質である。

自然科学が扱う知識の種類には，大まかにいって「事実」「法則（原理）」「理論」の3種類がある。そのうち「事実」と「法則」は自然界（の規則性）を「記述」したものであるため，一応正解（真実）が存在すると言ってよい。しかしながら，自然科学は研究領域の成熟と共に「なぜ…が起こるのか」ということを説明するための「理論」構築へと必然的に向かう。自然科学は，この理論をどうやって検証しているのか。

ここで登場するのが科学的探究の手法である。そのプロセスは，一般的に図6-2のように捉えられている。この流れの中で留意すべきは，探究プロセスにおける仮説の先行性（仮説が研究プロセスのすべてを牽引する）と，仮説と予

> 問い・疑問の同定(想起)「なぜ…のような事象が起こるのであろうか」
> 　　↓　既知事項に関する情報の活用
> 問いに対する仮の説明・解釈(仮説の設定)「…だからである」
> 　　↓
> 仮説を正しいと前提したときの検証実験の考案と予測
> 　　↓　「…を行うと，きっと…という結果が得られるだろう」
> 実験の実施・結果(データ)の入手
> 　　↓　「予想と違った結果が得られた」「予想通りの結果が得られた」
> 結論：上記結果に対応してどのような結論を下したらよいか？

図6-2　科学的探究のプロセス

測の違い（予測は仮説が存在して初めて可能となる）であり，同時に，仮説設定時における活用すべき既知事項の重要性である。この既習事項が，PISAの科学的リテラシーにおける「知識」である（図6-1）。

では，この一連のプロセスを経て得られる結論はどのように下されるのだろうか。この流れ全体は仮説の検証のための流れであるので，結論は仮説に関連づけて下される必要がある。だとすると，予想と違った結果が得られた場合は，実験方法や測定方法などにミスがなければ「仮説が誤っていた」と結論されることになる。しかし，予想通りの結果が得られたときはどう結論すればよいのか。「仮説は正しかった」と言ってよいのか。

科学的探究が用いている論理は，帰納法と演繹法の組合せである。すなわち，仮説設定という帰納的推論と，「AならばB。Bであった。よってAである」という演繹的推論の組合せである。ここでAに当たるものが仮説，Bが予測あるいは結果に相当する。これは正しさを保証する論理であろうか。AとBの関係をベン図で表すと図6-3のようになるが，これを見ると明らかなように，実験・観察の結果としてBが得られても，それがAであることを保証しない。たとえBであったとしても，Aでなく図中の塗りつぶしの部分に別の仮説が存在する可能性を排除できないのである。したがって，予想通りの結果が得られたときは「仮説の妥当性が高まった」と表現するのが正しい。

このように自然科学は，自然界の仕組みに関する「なぜ」という問いに対する答である説明や解釈を，永遠に「真実」として捉えられない宿命を背負っている。これが自然科学にはゴールがないと言われる所以である。

自然科学のプロセスをダイナミックに捉え，科学知識の暫定性を認識し，仮説の性質を正しく捉え，仮説と予測の違いを明確に理解することによって，児童・生徒が自由に自身の考えを表明し，様々な方法でそれを検証し，結果を解釈する活動が保障される。このような活動を通して獲得される知識や育成されるコンピテンシーは，現実社会における問題解決に極めて有効に機能すると期待される。

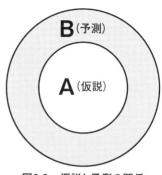

図6-3　仮説と予測の関係

❹ 理科の本質とコンピテンシー育成をつなぐ授業

これまで見てきたように，理科は広義のコンピテンシー育成に直結する教科であり，多大な貢献ができる教科であると位置づけられる。ではコンピテンシー育成に結びつけた理科授業はどのように構成したらよいであろうか。

(1) コンピテンシー育成のための理科授業の方針

これまでの議論をまとめると，コンピテンシー育成のための理科授業では，当面以下のような方針を設定することができる。

「知ることから理解・概念へと転換した理科授業」
「活用できる知識（科学概念）を身につけられる理科授業」
「思考操作の道具としての認知的スキルが身につけられる理科授業」
「科学のプロセスを感得でき，活用の重要性を認識できる理科授業」
「自分の思考の流れを客観視できるメタ認知の力を促す理科授業」
「個人の生活や社会の文脈の中で学習が行われる理科授業」
「協働的な活動を伴い，社会的スキル育成も目指した理科授業」

ここでは，このような授業を実現可能な教授理論として「概念変容教授モデル」を取り上げる。本モデルは，1960年代のアメリカで考案されたもので，その後，認知科学の発展（特に構成主義の考え方の勃興）を受けて，近年になっても様々な研究者やプロジェクトによってその効果が検証されてきたモデルである。その教授場面の流れは以下のようなところにある。
・科学的探究への招待，巻き込み，動機付け
・科学的探究に基づく問題解決活動
・結論として得られた科学的説明や考え方へのラベルの貼り付け（科学的用語の導入）
・その説明や考え方の新規文脈への適用

　ここで言う授業に先立つ導入や動機付けというのは，従来の授業論でも指摘されていることであるが，このモデルの特徴はその後の展開にある。1つは，科学的探究が，動機付けに続く場面だけでなく，最後の適用場面でも展開可能となっていて，授業全体を一貫して支配していることである。2つ目は，科学用語が先行するのではなく，まず自然現象に対する「なぜ」に答えさせたあと（児童・生徒が自分の説明や考えを検証したあと），その考えに初めて科学用語を貼り付けている（導入している）ことである。理科の授業で，まず定義や科学用語の説明を行ったあと，その「確認」として実験・観察を位置づけるなどの授業が見られるが，生徒にとって問題意識も何もないところに突然このような説明を与えられても困惑するだけである。このような，生徒の考えや説明の先行性，あるいは科学用語の授業後半への位置づけが第二の特徴である。そして3つ目は，授業の最後に，学習した考え方の適用場面を必ず設けていることである。学習の成立を，学習した事柄の使用に求めるという厳しい学習観がここにはある。この立場はコンピテンシーの考え方に直結するものでもある。

(2) 理科授業の実際

　具体的な授業例で説明しよう。筆者が以前，公立中学校3年生を対象に実践した「慣性」の授業事例であるが，そこではまず，両端に2本の糸と1本の糸

をそれぞれ結びつけた力学台車を用意し，1本の糸の方を，土台に打ち付けられた釘のようなものに結わえて台車が動かないようにする。そして2本の糸を持って瞬間的に引っ張ると，2本の糸の方が切れる現象を生徒に見せる。これは生徒の既有概念からは想像できない結果であり，これを動機付けならびに探究課題と位置づけた。

　続いてこの課題に答えるために，コップに被せたハガキの上にコインを置き，ハガキを指ではじき飛ばす実験を体験させ，コインがコップの中に落ちることを確認する。そして両実験について，力が直接加わった箇所とそれが結びつけられたり載せられたりしている物体を指摘させ，両者の類似性を理解させる。その上で，台車の2本の糸が切れた理由を考えさせる。すると生徒からは，重い物体は動こうとしない性質があるために，力学台車が動かず，力が2本の糸の方にかかって切れることを説明できるようになる。この段階に至ってはじめてこの性質に「慣性」という科学用語を貼り付け，その後はこの言葉を意識的に説明の道具として使用する。最後には，適用場面として，仰向けに横たわった生徒の腹の上に載せたレンガをハンマーで強く叩いてもまったく痛みを感じない体験を生徒にさせて，その理由を考えさせる。ここでは2つの理由を考えるよう指示する。1つは中学校に入ってから学習したことを使うこと，もう1つは今日学んだ慣性の考え方を使うことである。すると，圧力の分散と慣性による説明が提案され，その後は理由としてどちらの方が結果に強く影響しているかを，2変数のコントロール実験を通して調べていく。

　このように，本授業は概念変容教授モデルに忠実に基づいた授業展開を用いており，生徒は自身の考えを提案し，グループで議論し，授業の最後において，過去の2つの学習経験を適切に適用できた。本実践では演示実験が多用され，生徒自身が実験に取り組む場面は少なかったが，重要なのは実験を行うことではなく思考場面なのであり，思考の結果を友人と交流し，新しい理解に到達し，それを活用できることなのである。

5 おわりに

本稿では，アメリカにおける科学的リテラシー概念の検討結果に基づき，それがOECD/DeSeCoのキー・コンピテンシーに相当する概念であることを述べ，またその一部を測定しているPISAの科学的リテラシーとの関連性を検討してきた。その間に若干のズレが見られたものの，それは理念としての科学的リテラシーと測定可能な能力としてのそれの違いに起因しているものと思われる。

　また日本の理科教育は，歴史的に科学的思考力育成という理念のもとに，同様の指向性をもってきたことを指摘した。したがって，アメリカも日本も，理科教育においてはこのコンピテンシー育成に向けて，長い間取り組んできたことが理解された。つまり，日本の理科という教科は，あえてコンピテンシーという標語を掲げるまでもなく，その取り組みの長い歴史を有しているのである。

　しかしながら，PISAの科学的リテラシー概念を詳細に検討すると，日本の理科では，教科の本質でもある「科学の特徴とは何か」「科学の本質はどこにあるのか」といった「科学について」の学習指向性に弱点があり，また概念理解を目指した理科学習の取り組みが弱いことも考えられた。同時に，コンピテンシー育成に関しては，「集団の中で相互に関わり合う」「自立的に行動する」というカテゴリーにも課題を感じる。これらの2点は，過去しばしば指摘されてきたことであるが，理科という教科に限定されずあらゆる教科で取り組まねばならない課題である。

　平成26年に，「育成すべき資質・能力を踏まえた教育目標・内容と評価の在り方に関する検討会」から論点整理が公表され（文部科学省，2014），その中で，委員から以下の意見が示されていた。

> 「教育」固有の観点を第一にするという，独自性を出すべき。「教育固有の要請」とは，「若い世代を，社会を形成し発展させる自立した主体者として育てること」であり，「社会や経済の要請」に応えることは，子供がそれを受け入れた上でなければ「教育」ではなく「訓練」にすぎない。(p.15)

　この主張は我々の心を打つ。コンピテンシー育成に皆が同意したとしても，それを何のために目指すのか，各教科においてこの教科の目的を吟味すること

が必要である。民主主義社会の維持・発展のために，次世代の社会を主体的に生きる児童・生徒の育成を目指すこと，その「結果」が社会的・国家的要請に応えることに繋がるというのが，私の今，手元にある1つの答である。

■引用文献

A.E. Lawson (1995). *Science Teaching and the Development of Thinking*. Wadsworth.

Central Association of Science and Mathematics Teachers (CASMT) (1950). A Half Century of Science and Mathematics Teaching.

神谷拓見 (2015). Paul Brandwein の科学教育観とカリキュラムに関する研究．静岡大学教育学研究科修士論文．

国立教育政策研究所 (2013). OECD 生徒の学習到達度調査—2012 年調査国際結果の要約．文部科学省国立教育政策研究所．

松下佳代 (2011).〈新しい能力〉による教育の変容—DeSeCo キー・コンピテンシーと PISA リテラシーの検討．日本労働研究雑誌，614/September, pp.39-49.

文部科学省 (2014). 育成すべき資質・能力を踏まえた教育目標・内容と評価の在り方に関する検討会—論点整理．

National Research Council (NRC) (1995). *National Science Education Standards*, National Academy Press. (邦訳「全米科学教育スタンダード」長洲南海男監修，熊野善介・丹沢哲郎他訳，梓出版社，2001)

National Research Council (2012). *A Framework for K-12 Science Education: Practice, Crosscutting Concepts, and Core Ideas*. National Academy Press.

National Science Teachers Association (NSTA) (1990). Science/Technology/Society: A New Effort for Providing Appropriate Science for All.

NGSS Lead States (2013). *Next Generation Science Standards: For States, By States*. National Academy Press.

OECD (2005). The Definition and Selection of Key Competencies: Executive Summary.

OECD (2013). PISA2015 Draft Science Framework.

齊藤萌木 (2007). アメリカ合衆国における科学的リテラシー概念の成立過程：「科学教育黄金期」を中心に．東京大学大学院学校教育高度化専攻修士論文．

丹沢哲郎 (2006). アメリカにおける科学的リテラシー論の過去と現在．平成17年度科学技術振興調整費報告書「科学技術リテラシー構築のための調査研究」，pp.133-141.

補論

丹沢哲郎 ✕ 奈須正裕

何のためにコンピテンシー・ベイスの教育を推進するのか

丹沢 このところ，アメリカの理数教育は STEM（Science, Technology, Engineering and Mathematics）という枠組みを中心に動いていましてね。国際的な経済競争で優位に立つには科学技術者養成が不可欠で，そのために，日本で言えば理科と技術科と数学科を統合した教育を推進するという考え方です。2015年の秋に成立見通しの教育関連の法律 Every Child Achieves Act にも STEM は位置づけられていて，同様の動きはドイツなどでも広がりつつあります。

日本では技術科教育の人たちが熱心に取り組んでいて，ものづくりを中心に，そこに理数を絡めた大規模なカリキュラムを開発したりしています。

奈須 ロボコンやものづくり教育の推進・拡充なども含めて，技術科教育の人たちのがんばりは素晴らしくてね。僕も大いに期待しています。

コンピテンシー・ベイスという観点からは，教科横断的になっていくことは概して望ましい。ただ，何を目的にそうするかは常に問われる必要があって，アメリカの動向には経済優先の産業主義的な色彩が濃すぎる気もします。

丹沢 そうだと思います。現在のアメリカでは国力や経済力を高める，いわばそのコマとして理数教育が政治的に位置づけられている節があって，STEM もその一環とみることができる。

もっとも，教育研究者の多くは国家の経済戦略のためではなく，子どもたちが民主主義社会の担い手として，その形成や維持発展に資する資質・能力育成のために科学を教えていると考えるから，引き続き科学的リテラシーを重視する立場に立つわけです。なので，STEM を冠してお金を取ってはくるんですが，中身は上手にずらしたりしている（笑）。アメリカ国内の学力調査である NAEP のサイエンスのフレームワークも，現在は PISA の学力論と完全にその意図が一致するように，要するにリテラシー的になっています。つまり，教育の現場や研究の流れと，経済を意識した国家的な政治の動きとが，やや乖離してというか，拮抗しながら走っているというのがアメリカの現状なんです。

奈須 科学教育は常に国家的な政治や経済との関わりが問題になるんですね。

子どもは経済社会に出て行くから，その動向を無視はできないんだけど，教育が政治や経済にすっかり従属するのは危険で，子どもの発達保障という原理的な筋を通しつつ，どう折り合いをつけていくかが引き続きの課題です。

コンテンツを概念形成のためのイグザンプルと見る

丹沢 いろいろと批判はあるけれど，私自身はゆとり教育は大成功だったと思いますね。学生を見ていても，非常に個性的な子が育っている。

奈須 ものは知らないけどね（笑）。自分なりに考えるとか，仲間はもとより初対面の他者と協働するなんてことも得意だし好きでしょう。率直で誠実，他人にもやさしい。ボランティアに身を投じる若者の数と，そこでのひたむきな姿を見ていると実に頼もしい。残念ながら，それとは真逆な育ちの子もいるけれど，それはゆとり教育がうまく機能しなかったからで，ゆとり教育が適切に施された子たちは実に気持ちのいい，賢い人間に育っていると思います。

丹沢 ただ，平成10年改訂の学習指導要領は，さすがに内容を減らしすぎましたね。内容的な系統性が崩れてしまって，なんでこのこと抜きで，この先の話ができるんだみたいなことが，あちこちで起こってしまった。

奈須 レス・イズ・モアの理念，内容を減らしてその分深く学ぶことで，概念的な理解や汎用性のあるものの見方・考え方を身に付けさせるという発想だったんでしょうけど，そのためには一定程度の内容が事例として必要でね。特定の概念なりものの見方が，領域区分や表面的な見えとしてはかなり異なる事物・現象に対して繰り返し出てきて，しかも現れ方のパターンも異なる，でも原理的には同じなんだと納得することにより，概念的な理解は深まるし，獲得された概念も自在に活用可能な，汎用的な資質・能力へと育っていく。

　そう考えると，教育課程編成に当たっては，領域固有知識を教科の本質を構成する上位の概念との関係で構造的に位置づける作業が重要になってきます。ここで，もちろん個別のコンテンツには内在的な価値はあるんだろうけど，一方でコンテンツは概念形成のための事例，イグザンプルなんだという見方も成立するんじゃないか。すると，まずはある概念を形成するのに必要十分なイグ

ザンプルの数とバリエーションを考え，次にそれに該当するコンテンツを候補として挙げ，その中で内容的な価値の観点から優先順位を勘案して選択していく。さらに，そうやって構成したコンテンツの総体が，内容系統を最低限保持できるものになっているか点検するということでどうかと思うんですね。教科の人たちからは猛反対を受けそうなんだけど（笑），個別知識を網羅的に教えようとするあまり，概念形成を取り逃がすのはまずいんじゃないかと。

丹沢 やっぱり概念形成が大事でね。そのために使った個別知識のディテールは，場合によっては忘れてもいい。とりわけ，専門に進まない人はね。仮に先々個別知識を知る必要があった場合には，その時に改めて調べればいいし，概念さえしっかり形成できていれば，それが一種の地図として機能して，「ああそうだった」って，たちどころに意味として了解されるんです。

奈須 専門に進む人と進まない人では，個別知識の持つ意味合いが大きく異なるということですね。市民として生きる上で重要な教科的学びは概念的な理解です。これはすべての人たちに保障したい。一方，専門に進む人たちは，さらにかなりの量の個別知識それ自体も不可欠になってくる。

　これに対して従来の教科教育は，専門に進む人たちをメインのターゲットにしてきた。しかも，概念的理解より個別知識の量を優先した。その結果，大多数の人たちはどこかでドロップアウトし，最後まで残った人たちが専門に進む。ドロップアウトした人たちには，個別知識のかけらしか残らない。だから好きになるわけがないし，概念的理解が形成されていないから，仮に先々学ぶ必要があったとしても，学校での学びが十分にその支えとはならない。実にもったいないというか，非効率なことをしてきたように思います。

コンピテンシー・ベイスの教育における文脈の重要性

丹沢 授業づくりの具体を考える時，こういう文脈で教えていくとこんな概念が形成されるとか，こんな思考が活性化するというのを，すでに現場の先生方は断片的ではあるけれどノウハウとして蓄積していて，それをまとめれば，理科における中核的な概念と資質・能力を高めるための「指導文脈集」ができる

んじゃないかと考えているんです。

奈須　それはいいですね。日本では高校の物理の先生方なんかもよくがんばっていて，ただそれを教材開発と言ってきた。面白い実験をやって知的好奇心に訴えるという論法で，モノで示してきたでしょう。でも，本当はそのモノがある文脈が大事なんですよね。そこから概念的理解へと進む。

丹沢　そうなんです。モノに対する面白さだけでは，本質的に理科を好きにはならない。その意味で，実験をやれば理科を好きになるというのは，必ずしも正しくないんです。

奈須　実験における特定の操作なり測定を必然とする科学的な思考や論理が本質で，実験手続きそれ自体は科学の本質ではないですからね。

丹沢　だから，同じ面白い実験なり教材を持ち込むにしても，教師がそれを意味のある文脈の中に適切に位置づけられるかどうかで，授業の仕上がり具合はまったく変わってくる。

奈須　仮説実験授業も，今から見れば，文脈まで含めてパッケージ化しようとしたんですね。だから，誰がやっても科学的な概念獲得に至りやすい。興味深いのは，現象として面白い単発の実験で終わったとしても，勘のいい子はその奥に勝手に文脈を読み取り，概念的な理解を自力で形成する。あるいは，複数の経験を横につないでそこに共通点を見出したり，そこから「科学ってのは常にこういう論法なんだ」と気付いたりもするんですね。

　一方，多くの子どもは個別具体的な現象に触れて「面白かった」「不思議なことがあるもんだ」と感じただけ，あるいはせいぜいコンテンツとしての理解の水準に留まる。これは何も前者が優秀なのではなく，たまたまそういう着眼が自然とできてしまう心性を持ち合わせていただけかもしれない。

　つまり，教師が文脈を明示的に示し，そこを拠点に概念的な理解へと導くことで，もっと多くの子どもが概念的な理解，科学的なものの見方・考え方，科学に固有な探究の方法や表現の様式を身に付けられるに違いない。

丹沢　これからの授業では，そここそを教師が意識的に仕掛けていくことが大切で，そのためには文脈が決定的に重要な意味を持ってくるんです。

第7章

英語科
語学能力の育成から汎用能力の育成へ

池田　真

1　はじめに

　世界の英語教育はすでにコンピテンシーの育成に動き始めている。ここでいうコンピテンシーとは，英語での意思疎通力のみならず，柔軟で多角的な思考力，様々な他者との協働力，知識や技能の活用力，地球市民としての異文化意識などを含む複合的概念で，ビジネス用語を援用してソフトスキル（soft skills）と呼ばれることもある。本章の最終目標は，ソフトスキルを日本の英語教育で育てる方法論を提案することにある。

　以下では，図7-1のフレームワークに沿い，議論を進めていく。最初に，英語科の内容と方法について，語学教育の理論的変遷やそれを下支えする言語学や心理学の諸分野にも言及し，現在の立ち位置を確認する。次いで，現在の英語教育で達成可能な学習指導要領内外の達成目標を教科の本質として捉え，明確にする。最後に，汎用的能力（コンピテンシー）とは何かを定義し，それを英語科で育むためには現状では何が足りず，どのような方法論で補うかを，ヨーロッパで広く普及している21世紀型の教育法「内容言語統合型学習（CLIL=クリル）の原理と実践に立脚して，提示する。

2　英語科の現在――内容と方法

　本項では，英語科における学習内容の構成法と指導方法の諸原理をまとめ，現時点での英語科の鳥瞰図を示したい。

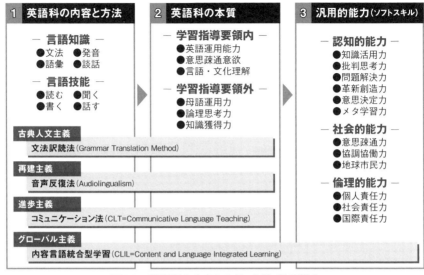

図7-1 英語科の内容と方法・本質・汎用能力

(1) 英語科の内容

英語科は実技科目であり，学習内容は基盤となる言語知識（文法・語彙・発音・談話）とそれを用いた言語技能（読む・書く・聞く・話す）から構成される。そして，そのうちの何に焦点を当てるかにより，学習内容の選択と配列（シラバス）が決まる。主なものとして次の5種類がある。

① 構造シラバス　　　文型，時制，関係副詞などの言語構造中心
② 機能シラバス　　　依頼，謝罪，自己紹介などの言語機能中心
③ 技能シラバス　　　要約，発表，小論作成などの言語技能中心
④ 場面シラバス　　　買物，病院，入国審査などの使用場面中心
⑤ 話題シラバス　　　文化，人権，環境問題などの使用話題中心

市販の語学教材には，このうちの1つに特化したものも，すべてを網羅するものもある。検定教科書のような総合教材は，図7-2のように，①を中心に②

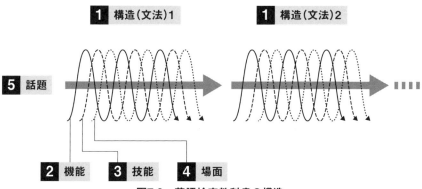

図7-2 英語検定教科書の構造

〜⑤を絡める構成になっている。

中学校学習指導要領（外国語科）もこのようなマルチシラバスの考えに則っており，6社から出ている英語検定教科書は，すべて複合的内容となっている。例えば，中学1年生用の *New Horizon English Course 1*（東京書籍）の Unit 3（はじめまして，ブラウン先生）だと，表7-1のように組み立てられている。

表7-1 *New Horizon English Course 1* の単元構成例

単元	①構造	②機能	③技能	④場面	⑤話題
Unit 3-1	一般動詞 （平叙文）	自己紹介する	聞く・話す 読む・書く	ALTの 授業で	出身国 スポーツ
Unit 3-2	一般動詞 （疑問文）	質問する 返答する	聞く・話す 読む・書く	ALTの 授業で	楽器 交通手段
Unit 3-3	一般動詞 （否定文）	質問する 返答する	聞く・話す 読む・書く	ALTの 授業で	持っている物 欲しい物

このうちの Unit 3-1（教科書 pp. 28-29）を取り上げると，本文は次のようになっている（下線と太字は現筆者）。

Mr. Tanaka:

Good morning, everyone.

This <u>is</u> Ms. Brown.
She'<u>s</u> our new English teacher.

Ms. Brown:
Hello, everyone.
I'<u>m</u> Mary Brown. I'<u>m</u> from America.
I **like** soccer. I **play** soccer every Sunday.
I **like** music, too.

　本箇所の文法上のポイントは，一般動詞（太字）の学習であり，既習の be 動詞（下線）と対比的に示されている。ここで重要なのは，「一般動詞と be 動詞」という「構造」（文法形式）の理解はあくまでも手段であり，真の目的はそれを使って「自己紹介」という「機能」を，「話す・書く」といった「技能」で使えるようになることである。そのために，「ALT（Assistant Language Teacher＝言語指導助手）の授業」という「場面」を設定し，「出身国や好きなスポーツ」といった「話題」を用意している。

　以上のように，英語科の学習内容は複合シラバスの原理に基づき設計されている。「中学校学習指導要領解説（外国語編）」では，それぞれの細部を，「言語活動」（聞くこと，話すこと，読むこと，書くこと＝技能シラバス），「言語活動の取扱い」（言語の使用場面，言語の働きなど＝場面シラバス・機能シラバス），「言語材料」（音声，文字及び符号，語，連語及び慣用表現，文法事項＝構造シラバス），「教材選定の観点」（英語を使用している人々を中心とする世界の人々及び日本人の日常生活，風俗習慣，物語，地理，歴史，伝統文化や自然科学など＝内容シラバス）という項目立てで示している。

(2) 英語科の方法

　他教科とは異なり，英語科には教え方の流儀がはっきりとしている。いわゆるメソッドと呼ばれるものである。細かく分ければ十種類以上を列挙すること

になるが,学校現場で主に用いられているのは,①文法訳読法(Grammar Translation Method),②音声反復法(Audiolingualism),③意思疎通法(CLT=Communicative Language Teaching)の3種類である。これらは言語学(特に文法)と心理学をベースにしているものだが,そこに教育上のイデオロギーを見てとる向きもある(Clark, 1987)。表7-2はその概要である。

表7-2 主要英語教育法の原理

語学教育法	言語学	心理学	教育信条
① 文法訳読法	伝統文法	認知主義	古典人文主義
② 音声反復法	構造文法	行動主義	再建主義
③ 意思疎通法	機能文法	社会文化理論	進歩主義

①の「文法訳読法」は,文法と語彙を体系的に学び,それに基づき英文を母語に訳すことで語学を習得する方法である。ベースになるのは,8品詞や5文型に代表される言語形式(語形や語順)重視の「伝統文法」であり,その学習観は,語学といえどもその習得は社会や理科のような他教科と同じく,座学での勉強が重要とする「認知主義」に基づく。訳す素材は,伝統的には哲学,文学,歴史といった人文学系の抽象的な内容の古典作品が多かったため,「古典人文主義」という教育イデオロギーに相当する。これは知的エリートのための教養教育であり,知識や知性の涵養を旨とするものである。歴史的には最古の語学習得法であり,中世を通してヨーロッパの知的共通語であったラテン語学習に用いられ,その後フランス語やドイツ語のような近代諸語を学ぶようになってからも,20世紀初頭までは語学学習と言えば文法訳読法であった。

②の「音声反復法」は,「文法訳読法」への反動から20世紀前半に生まれたものである。文法訳読法がエリートを対象とする文字中心の教養教育であったのに対して,音声反復法は民衆のための音声中心の実用教育として登場した。方法論としては,"Do you like dogs？"のような基本文を与え,下線部の構成要素を"he, she, they"などと入れ替えながら,口頭での練習を繰り返す。いわ

ゆる「習うより慣れろ」方式である。言語観としては文法構造をパターン化した例文で提示する構造言語学に基づいており，学習観としては学びは刺激と反応の繰り返しにより生じるとする「行動主義」に依拠する。その出発点は，第1次世界大戦で荒廃した国の復興に必要な人材育成（「再建主義」）にあり，いわば富国強兵のための語学教育である。

　最後の③「意思疎通法」もまた，それまでの方法論の否定から生じた。つまり，「音声反復法」が社会の発展のための集団的語学訓練であったのに対し，「意思疎通法」では個人の能力伸長のための個性教育という価値観が重視されるようになった。拠って立つ文法理論は「機能文法」であり，これにより，文法形式（form）とそれが表す意味（meaning）だけでなく，場面や相手に応じた適切な言語機能の使い分け（use）という視点が加わった。例えば，「授業後に話ができるか」と相手の承諾を求める言語機能の場合，友人が相手ならば "Can I talk to you after class?" だが，先生に対してならば "May/Could I speak with you after class?" となる。準拠する学習理論はヴィゴツキーの社会文化理論であり，言語使用は社会的行為なので，教師や他の生徒との交わりや助けにより，次第に自分ができる領域（ZPD=Zone of Proximal Development，最近接発達領域）が拡大していき，学習が進むと考える。そのため，生徒同士のペアやグループによるコミュニケーション活動が重視される。このような学習観や学習方法が登場したのは1970年代であり，教育の歴史から見れば革新的であったため，「進歩主義」と称される。

　以上の代表的語学教育法は，シラバスと同じく単独で用いられることもあるが，必要に応じて組み合わせられることが多い。その代表的な教え方が，PPP（Presentation-Practice-Production）と呼ばれる方法である。これは，授業の最初に新学習内容（主に文法や語彙などの言語材料）を提示（presentation）し，次いでそれを口頭で反復練習（practice）させ，最後にそれを使ったペアやグループでのコミュニケーション活動で意味を産出（production）するという流れである。特に初級レベルの授業において世界中で用いられている方法論である。日本では，「提示」で文法訳読法的な日本語の説明により理解をさせ，「練

習」で音声反復法による定着を促し,「産出」で意思疎通法的な言語運用を行うパターンが多い。シラバスの説明で取り上げた *New Horizon English Course 1* の Unit 3-1 から例を示そう。

提示(presentation)

先に引用した本文(be 動詞と一般動詞を用いた,教室における ALT の自己紹介)の後に,「基本文」として "I like soccer." が枠で囲まれ,「like は『…を好む』,play は『…をする』という意味の動詞である」という説明が与えられている。この2つの動詞を使って教師自身が自分の好みや行うスポーツなどを話すことで,多くの例文を与える。

練習(practice)

「基本練習」として,"I like soccer. I play soccer every Sunday." の下線部をtennis と basketball に入れ替えて言ってみる。基本文が言えるようになったところで,本文の理解や音読などを行う。その後,出身地,好きなスポーツ,何曜日にそのスポーツをするかの聞き取り練習をする。

産出(production)

モデル文を使って,自分がどんなスポーツが好きで,どんなスポーツをするかを,言ったり,書いたりする。発展として,何人かの生徒がクラス全体に自己紹介をする。

このように,PPP による授業は,構成がはっきりしており,生徒の言語使用も多く,一定のコミュニケーション活動も行うため,語学教育の完成形といった感がある。だが,どの教え方もそうであるように,弱点も抱えている。最大の問題点は,授業内での言語活動が活発であるのとは裏腹に,意外と学習内容が定着しない点である。前述したように,この方法論は,新出事項の理解(認知主義)→繰り返し練習(行動主義)→他者との言語使用(社会文化主義)と

いう諸原理の組み合わせで成り立っているが，学習の定着には時間がかかるもので，理屈をすり合わせたところで，そう簡単には習得にはつながらないということである。また，最終的な到達目標は英語によるコミュニケーションにあるはずだが，タスクの完成が目的化してしまい，相手の顔も見ずにワークシートだけを見て覚えたての言葉を発する姿もよく見受けられる（下手をすると日本語で素早く終わらせてしまう生徒もいる）。結局のところ，特定の言語材料の習得を目標とするため，どうしても単なる口頭での文法暗記練習で終わってしまいがちである。日本のコミュニカティブな英語教育の実態は，音声反復法に近いという批判がつきまとうゆえんである（Sakui, 2004）。

　本項では，英語科の教育内容と指導方法を概説したが，それによりどのような学習成果が期待できるのであろうか。次項では，英語科が目指す学習到達目標を英語科の本質として捉え，まとめたい。

❸ 英語科の本質——固有性と不可欠性

　「本質」とは何か。『広辞苑』（第6版）では，第一義を「あるものをそのものとして成り立たせているそれ独自の性質。例えば動物を動物たらしめている性質。本性」としている。英語では essence に相当しようが，『オックスフォード英語辞典』(*The Oxford Dictionary of English*) は，「何かに固有の性質ないし不可欠の特質であり，特に抽象的なものに対するもので，その性格を決めるもの」(the intrinsic nature or indispensable quality of something, especially something abstract, which determines its character) としている。こういった語義に基づき，ここでは「英語科の本質」を，「英語科でしか身に付けることができず（固有性），かつ欠かすことのできない学習内容・目標・成果（不可欠性）」と定義する。これを狭義に解釈した場合，英語科の本質はまさに学習指導要領の目標と一致する。それを広義に取ると，いくつかの新しい側面が見えてくる。2つに分けて論じていこう。

(1) 学習指導要領にある「英語科の本質」

　中学校学習指導要領では，英語科の目標を「外国語を通じて，言語や文化に対する理解を深め，積極的にコミュニケーションを図ろうとする態度の育成を図り，聞くこと，話すこと，読むこと，書くことなどのコミュニケーション能力の基礎を養う」と定めている。一般化するならば，後ろから（重要な順にと言ってもよい），①4技能の基礎＝英語運用能力，②コミュニケーションへの態度＝意思疎通意欲，③言語や文化の理解＝言語・文化理解，の3点の育成である。この目標は，高等学校学習指導要領でも基本的には同じである。以下では，これらがなぜ「英語科の本質」と言えるのかを検討してみよう。

・・・・・・・・・・・・・・・・・　①英語運用能力　・・・・・・・・・・・・・・・・・

　いわゆる4技能（読む，書く，聞く，話す）における英語運用力である。「中学校学習指導要領解説」では「最重要事項」と位置付けられ，単なる文法規則と語彙の知識学習に終始せず，コミュニケーションを目的とした外国語運用力の基礎を育てる旨，特記されている。言うまでもなく，英語によるコミュニケーション力は，英語科でしか身に付かない「教科の本質」の本丸である。

・・・・・・・・・・・・・・・・・　②意思疎通意欲　・・・・・・・・・・・・・・・・・

　日本の英語教育では，当初は主に目（読解）や手（作文），後には耳（聞き取り）や口（会話）も鍛えるようになったが，心（意思疎通の意欲）は育ててこなかった。その結果，本来は手段であるはずの言語知識の習得や言語技能の向上が目的化してしまい，肝心の英語での意思疎通はなおざりにされ，学習者の英語使用に対する意欲が総じて低い。それを本来の姿に戻すため，英語4技能を駆使し，様々な内容に関して積極的に他者とやり取りしようとする態度を育成することも，英語科に不可欠な「教科の本質」と言える。

・・・・・・・・・・・・・・・・・　③言語・文化理解　・・・・・・・・・・・・・・・・・

　ひとつにまとめられているが，言語の理解と文化の理解は性質や次元が異な

るものである。言語の理解とは，英語の語彙，文法，音韻，談話に関する知識であり，これは英語科でしか学べず，これなくしては英語の学習は成り立たない定義通りの「教科の本質」である。英語と比較した際の日本語の理解もこれに含められる。文化の理解は注意が必要である。英語圏を含む世界各地の文化や日本の文化に対する理解は，必ずしも英語科固有の学習内容ではない。これが「英語科の本質」になりうるのは，「中学校学習指導要領解説」が言うように，「『外国語を通じて』という教科に特有な方法によって目標の実現を図ろうとする」場合である。例えば，英語を読んだり聞いたりして知る他国の生活や習慣，あるいは話したり書いたりする際に気づく文化によるコミュニケーションスタイルの違い，などがこれに該当しよう。

(2) 学習指導要領にない「英語科の本質」

以上の学習指導要領が目標とする①英語運用力，②意思疎通意欲，③言語・文化理解に加え，英語科に固有かつ不可欠の「教科の本質」として，④母語運用力，⑤論理思考力，⑥知識獲得力も加えることが可能と思われる。これらは英語科以外でも学習することができるので，「英語科の本質」とは言えないという意見もあろう。だが，これらの能力には英語学習を通してしか身に付かないものがあり，広義の「英語科の本質」として扱うことができる。順に見ていこう。

④母語運用力

母語運用力は本来は国語科で育てる能力である。だが，英語習得が一定の段階に達すると，日本語を書いたり話したりする際に，英語学習を通じて身に付けた言語運用法を意識的に適用することがある。このことは特に論理的な文章を書く際に顕著である。例を思いつくままに列挙してみよう。

- 「序論→本論→結論」による文章構成法
- 談話標識（「要するに」，「例えば」など）の効果的使用

- 同じ語の重複を避けるための同意語による言い換え
- 3項目の列挙と最後を示す接続詞の使用(「A, B, そして C」)
- 箇条書きをする際の文法形式の統一(体言止めなど)

・・・・・・・・・・・・・・・・・・・・ ⑤**論理思考力** ・・・・・・・・・・・・・・・・・・・・

　どの教科でも，各科目の特性に応じた論理思考力が育つ。典型的なのは算数や数学で，四則演算などの基礎的計算を別にすれば，同科目を学ぶ一般的意義は数的思考訓練にあろう。英語科に特有の論理思考力は，特に英文法を学習する過程で養成される。「仮定法」を取り上げると，この文法項目を習得するには，次のような論理的思考力が必要となる。

- 「法(mood)」とは心的状態(思考モード)のことである。
- 「仮定法」とは「空想内容」を伝える思考モードである。
- 「空想モード」を表す言語形式は決まっている。「現在の事実の反対」を空想して言うには，'If + 過去形…, 主語 + would/could/might + 動詞…' を用いる(例 If I were a bird, I would fly to you.)。

　このような文法の観点から英語を論理的に理解する思考力を「グラマティカル・マインド」と称することがある。英語教師ならば，この文法学習の隠れた効用に気づいていると思うが，学習者の立場でもそう感じることがあるらしい。やや突飛な例であるが，村上春樹の『ノルウエイの森』にそのような場面がある。同じ大学に通う緑は主人公のワタナベとお茶の水に出かけ，受験生を見てこう尋ねる(下線は現筆者)。

「ねえワタナベ君，英語の仮定法現在と仮定法過去の違いをきちんと説明できる？」と突然僕に質問した。
「できると思うよ」と僕は言った。
「ちょっと訊きたいんだけれど，そういうのが日常生活の中で何かの役に

立ってる？」

「日常生活の中で何かの役に立つということはあまりないね」と僕は言った。「でも具体的に何かの役に立つというよりは，そういうのは<u>物事をより系統的に捉えるための訓練になるんだ</u>と僕は思ってるけれど」

下線部は，まさに英文法学習を通した論理思考力（グラマティカル・マインド）の醸成に他ならない。

⑥知識獲得力

古来より，外国語を通してしか入手できない知識というものがある。中世ヨーロッパのキリスト教会ではラテン語，ギリシャ語，ないしはヘブライ語ができないと聖書が読めなかったし，明治期の日本で学問体系が急速に整備されたのも，欧米専門書の翻訳を通してであった。インターネットの時代になっても事情は変わらない。むしろ，世界中の人たちが共通の国際語たる英語で発信するので，現代の方が外国語による情報入手は重要かも知れない。日本語の他に英語が使えれば，アクセスできる情報量は倍ではなく無限大になる。また，英語でしか捉えられない概念もある。例えば，本書の書名は『教科の本質からコンピテンシーへ』であるが，そもそも「コンピテンシー（competency）」とは何であろうか。英和辞典には「能力，力量，適性」といった訳語が載っているが，ability とはどう違うのか。

ability は英語に元から備わる本来語で日常的な響きがあるのに対し，competence はラテン語から借用された語で堅い印象を与える。感覚的には，日本語における大和言葉と漢語の対比に近い。つまり，「できること」と「能力」の違いである。したがって，前者が日常的なことも含め「一般的に何かができること」を表す普通語であるのに対し，後者は「教育や訓練により獲得した達成力」のような専門用語になりうる。さらに言うならば，competency の類似語に competence があるが，どう異なるのか。意味的な相違はなく区別せずに使われることもあるが，前者は -cy で終わる抽象名詞であるため，「能力全般」

を漠然と示す響きがある。また，この語は competencies のように複数形にもでき，その場合には「個々の具体的能力」を表す。このような一般・個別や抽象・具体のニュアンスの相違は，英語学習を通してしか理解しえない概念である。

以上３つの能力は，言うなれば「隠れた本質」であり，特に意識されたり，表だって論じられることはあまりないが，英語科の教育意義や学習効果を論じる上で，見落としてはならない視点であろう。

❹ 英語科のこれから──新しい学力観と教育法

これまで見てきたように，現在の英語科の学習内容と指導方法がうまく機能した場合に得られる本質的学力とは，英語運用力，意思疎通意欲，言語・文化理解に加え，母語運用力，論理思考力，知識獲得力といった能力である。学習指導要領に書かれている最初の３つすら現状では達成できていないのだから，到達目標としては以上で十分という考え方もあろう。だが，ヒト（人材），モノ（製品），コト（情報）が短時間で大規模かつ容易に移動する知識基盤型グローバル社会に対する備えとしては，それだけではとても対処できるものではない。では，グローバル化社会で求められる新学力とは何であろうか。

本書の趣旨は，各教科の現在地（内容）を確認した上で，その教科ならではの思考法や表現法（本質）を明確化し，そこから新しい時代に求められる能力（コンピテンシー）を導出して，それをいかにして育成するかを提言しようとするものである。この章ではあえてそのようなボトムアップ式を取らず，トップダウン式で英語科における汎用的能力育成の議論を進めていく。というのは，実は世界の英語教育ではそのような問題はある程度解決済みで，すでに汎用能力育成のための実践が始まっているからである。したがって，ここでは教科横断型のコンピテンシー（＝新学力）を所与のものと見なし，その能力を育てる上で現行の学習指導要領の内容と方法およびそこから抽出される「教科の本質」で対応できるのかを検討し，そうでないとすればどのような方法論が考えられるのかを考察していきたい。

(1) 21世紀の学力観

　グローバル人材の育成は，それこそ全地球的教育課題であり，世界各地でその方法が模索され実践されている。「グローバル教育＝21世紀教育」という等式すら成り立つ。そこで目標とする学力は，学校教育の枠内で完結する個別教科の知識・技能ではなく，高度に複雑化した社会で活用できる複合的能力（コンピテンシー）である。その具体的な項目は，すでにいくつかの先進国や地域で細分化され明文化されている。よく知られているものには，OECD（経済協力開発機構）のDeSeCo（Definition and Selection of Competencies）プロジェクトによる「キー・コンピテンシー（Key Competencies）」や，IB（International Baccalaureate＝国際バカロレア）の「学習者像（Learner Profile）」，アメリカの企業・教育プロジェクトATC21が提唱した「21世紀型スキル」があり，日本でも国立教育政策研究所が「21世紀型能力」を作成している。これらの枠組みは，分類や文言の違いこそあれ，ほぼ同じ目標と細目を共有しており，整理を試みると次のようになる。

・・・・・・・・・・・・・・ 認知的能力 ・・・・・・・・・・・・・・

① 知識活用力　　教科知識を実生活や実社会で活用する力
② 批判思考力　　論理的，多角的，分析的に考える力
③ 問題解決力　　課題を発見し，適切な方略で解決する力
④ 革新創造力　　斬新な物，価値，方法を産出する力
⑤ 意思行動力　　適切な決断を下し，挑戦し行動する力
⑥ メタ学習力　　効果的方法で自律的，省察的に学習する力

・・・・・・・・・・・・・・ 社会的能力 ・・・・・・・・・・・・・・

⑦ 意思疎通力　　共通言語を用いて円滑に意思疎通する力
⑧ 協調協働力　　他者と協力してチームで効率的に働く力
⑨ 地球市民力　　異文化を尊重し国際意識を持ち生きる力

・・・・・・・・・・・・・・・・・・・・・・ **倫理的能力** ・・・・・・・・・・・・・・・・・・・・・・
⑩　個人責任力　　道徳観や同情心を持ち自己に責任を持つ力
⑪　社会責任力　　職業領域や地域社会に積極的に貢献する力
⑫　国際責任力　　国際社会に関わり，奉仕し寄与する力

　21世紀のグローバル社会で必要とされるこれらの能力・資質を総括する用語が，冒頭で掲げた「ソフトスキル」である。そのような汎用能力を現行の英語教育の内容と方法で育てることはできるであろうか。残念ながら，答えは否である。すでに述べてきたように，現状の英語教育では，言語知識（文法・語彙・発音・談話）と言語技能（読む・書く・聞く・話す）といった内容を，文法訳読法（文法を学び訳す），音声反復法（口頭で繰り返す），意思疎通法（情報や意見を伝えあう）を混合させて教えているが，それで身に付くのは，学習指導要領内だけだと，英語の運用力，英語での意思疎通意欲，英語中心の言語や文化の知識や意識であり，学習指導要領外に広げても，英語から援用する日本語技法，英語学習に必要な論理思考力，そして英語を媒介にした教養知識の獲得といった，すべて英語から派生する学力である。つまり，様々な種類の思考力，様々な他者との共存力，様々な段階の貢献力といった総合的かつ汎用的なコンピテンシーの習得は原理的に望むべくもないのである。では，どうすればよいのか。

　それに対する答えを与えてくれるのが，今世紀になってからヨーロッパで急速に広まったCLIL（Content and Language Integrated Learning）と呼ばれる総合的教育法である。その原理と実践を最後に紹介しよう。

(2) 21世紀の教育法

　英語にバズワード（buzzword）という言葉がある。専門用語のように響くものの，その定義が明確でなく，実態がよくわからない流行り言葉のことである。昨今の教育界におけるバズワードは，さしずめ「グローバル」，「コンピテンシー」，「アクティブラーニング」といったところであろう。用語こそ異なるも

のの，これらは同じ方向性を志向しており，その要諦はソフトスキルの養成と言ってよい。そのソフトスキルを育てるためにヨーロッパで実践されているのが CLIL である。ここではその教育方法の原理を要約し，日本の英語科の中で応用し実践する具体的方法と実践例を示す。

・・・・・・・・・・・・・・・・・・・・・ ①CLILの原理と技法 ・・・・・・・・・・・・・・・・・・・・

一言で言うならば，CLIL は統合学習である。何を統合するかと言うと，教科内容の基礎知識と活用知識（Content），英語の知識と技能（Communication），低次（暗記・理解・応用）と高次（分析・評価・創造）の思考活動（Cognition），協働力を培う共同学習と異文化意識（Culture）の4つである（Coyle 他, 2010）。これを CLIL の「4 C」と呼ぶ（図7-3 参照）。

図7-3 CLILの4C

既存の英語教育法と CLIL との違いは，前者が図の右半分（英語運用力と異文化理解）しか扱わないのに対し，後者では左半分（教科知識と思考様式）も

取り込むことにある。実社会での英語能力育成の観点からすると,この差は決定的である。例えば,英語で何かについて意見を求められたとする。それに答えるには,頭の中にある知識を探しつつ,自分の意見をまとめ,同時にそれを英語で表現するための語彙,文法,発音を考えなければならない。大半の日本人は,脳内での大量かつ瞬時の情報処理が追いつかず,しどろもどろになったり,黙り込んでしまう。その一因は,英語の授業で知識と思考と言語を脳内で同時処理するというマルチタスク型の学習経験が少ないことにある。CLILでは,新しい知識を学び,考え,産出することを日常的に行う。これはグローバル社会での英語使用と同じである。仕事上の専門知識や最新情報を英語で入手し,それを業務で活用するために思考し,最終的に英語で議論したり,発表したり,文章にまとめたりする。つまり,教室で英語を学習する際の状況や認知処理と,社会で英語を活用するときの場面と脳の働きが近似しているのである。このように,学習環境と活用環境が一致するときに学びが最適に転移するという考えを「転移適切処理(transfer-appropriate processing)」(Lightbown, 2014)と言う。そして,その転移を最大限に促進するための教え方が,表7-3にあるCLILの指導技法である(池田,2014)。

表7-3 CLILの教育技法

①内容と語学の両方を指導する。
②オーセンティック素材(新聞,雑誌,ウエブサイトなど)の使用を奨励する。
③文字だけでなく,音声,数字,視覚(図版,画像,映像)による情報を与える。
④様々なレベルの思考力(暗記・理解・応用・分析・評価・創造)を活用する。
⑤タスク(特に日常生活と結びついたもの)を多く与える。
⑥共同学習(ペアワークやグループ活動)を重視する。
⑦異文化理解や国際問題の要素を入れる。
⑧内容と言語の両面での足場(学習の手助け)を用意する。
⑨4技能をバランスよく統合して使う。
⑩学習スキルの指導を行う。

以上の原理と技法に基づく具体的実践例を見てみよう。

・・・・・・・・・・・・・・・・・・・・・・ ②CLILの実践と実例 ・・・・・・・・・・・・・・・・・・・・・

CLILには2つの実践方法がある。ひとつは理科や社会などの教科教育としての強形CLILであり、もうひとつは英語教育として行う弱形CLILである（表7-4参照）。

表7-4 CLILの強形と弱形

	強形CLIL	弱形CLIL
実践教科	一般科目	外国語科目
指導教員	科目教員	英語教員
学習内容	各教科の単元	教科横断トピック・教科書の話題
実践時間	通年の全授業	授業の一部・発展授業

ヨーロッパで普及しているプロトタイプは教科教育型の強形であるが、日本で実践が始まっているのは英語教育の一環としての弱形である。その中から、中学校検定教科書での指導例を紹介しよう。

ここで取り上げるのは、中学校1年生用の*Columbus 21*（光村図書）である。この教科書も、他の中学校英語検定教科書と同じく、構造（文法）シラバスで構成されている。特徴的なのは、大きな文法事項のまとめごとに、「CLIL英語で学び、考えよう」という発展コーナーが設けられていることである。シラバスの説明で用いたのと同じ文法項目である「一般動詞とbe動詞」の場合、技術・家庭科で学ぶ「食品の栄養素」を用いて、弱形CLILが展開される。以下が授業の流れである（英文中の下線部は文法のポイント）。

【タスク１：栄養素の種類】

主要な栄養素をまとめた表を完成させる。

栄養素	日本語	主な働き
Proteins		
Minerals		
Vitamins		
Carbohydrates	炭水化物	エネルギーになる
Fats		

【タスク２：栄養素と食品】

各栄養素を含む代表的な食品名を表に記入し，与えられた文を使って英語で説明する。

栄養素	食品名
Proteins	(例 beef)
Minerals	(例 milk)
Vitamins	(例 orange)
Carbohydrates	(例 rice)
Fats	(例 butter)

[　] has proteins/minerals/vitamins/carbohydrates/fats.

【タスク３：各国朝食の分析】

フランス，アメリカ，中国，日本の朝食の写真を見て，栄養素を分析し，英語で表現する。フランス式朝食の場合は次のようになる。

You see a French breakfast on this table. You see bread, coffee and orange juice. The bread has carbohydrates. The orange juice has vitamins.

応用として，足りない栄養素を見つけ，どの食品を付け加えるべきかを考え，言わせてもよい。上記の例だと，"There are no proteins. You need to eat bacon and eggs." のようになる。

この授業がCLILの要件を満たしているかを，CLILの4Cを使って検討してみよう。まず，Content（内容）については，技術・家庭科で学ぶ栄養素を理解し（宣言的知識），それを実生活に応用している（手続的知識）。Communication（言語）としては，英語栄養素名，英語食品名，一般動詞とbe動詞（言語知識）を使い，食品と栄養素の関係を表現している（言語技能）。Cognition（思考）に関しては，タスク1で栄養素の働きを理解し（理解＝低次思考力），タスク2で具体的な食品と結びつけ（応用＝低次思考力），タスク3で各国の朝食で摂取できる栄養素や足りないものを考えている（分析・評価＝高次思考力）。最後のCulture（協働）は，活動をペアやグループで行い（共同学習），各国の朝食を比較している（異文化意識）。以上をまとめたのが表7-5である。

表7-5 CLIL授業の分析

Content （内容）	Communication （言語）	Cognition （思考）	Culture （協働）
（宣言的知識） 栄養素の働き	（言語知識） 食品・栄養素名 動詞の種類	（低次思考力） 理解・応用	（共同学習） グループ活動
（手続的知識） 朝食栄養分析	（言語技能） 話す	（高次思考力） 分析・評価	（異文化意識） 各国朝食比較

この授業は中学1年生の1学期に配当されている。英語学習の初期段階でも，CLILの枠組みを使えば，知識活用力，意思疎通力，高次思考力，異文化力といったコンピテンシーを育てることが十分に可能であることが示されている。

5 まとめ——あらためて「英語科の本質」とは

　英語科でしか学べず，欠かすことができない「英語科の本質中の本質」は，つまるところ英語運用力の習得である。この大本命は，今までも，これからも変わらない。問題なのは，従来の英語教育では英語習得そのものに意識が取られてしまい，英語を手段として何に使うのかが明確ではなかった点だ。人によっては受験や就職のためであり，人によっては旅行や生活のためであり，人によっては勉学や仕事のためであった。これからの英語教育では，「マルチタスク社会に適応できるオーセンティックな英語活用力」の育成が求められる。それは，現実社会での英語使用状況と脳内処理と同じく，英語で種々の新知識を学び，多角的思考力を駆使して考え，様々な他者に向けて語り，効果的に書く，ということである。そのための教育法が英語でのアクティブラーニングたる CLIL である。このアプローチは現存する良き教育実践の最大公約数であり，いわば教育の世界標準とすら言える。「語学能力のための英語教育」の時代は終わろうとしている。世界では「汎用能力のための英語教育」が英語科の本質となりつつある。

■引用文献

池田真 (2014). グローバルリーダーの素養を伸ばすCLIL型授業. 英語展望（第122号），pp.22-28.

笠島準一, 関典明他 (2012). *New Horizon English Course 1.* 東京書籍.

東後勝明他 (2015). *Columbus 21.* 光村図書.

文部科学省 (2008). 中学校学習指導要領解説（外国語編）.

Clark, J. (1987). *Curriculum Renewal in School Foreign Language Learning.* Oxford University Press.

Coyle, D., Philip, H. & Marsh, D. (2010). *Content and Langage Integrated Learning.* Cambridge University Press.

Sakui, K. (2004). Wearing two pairs of shoes: language teaching in Japan. *ELT Journal 58/2,* pp.161-162.

Lightbown, S. (2014). *Focus on Content-Based Language Teaching.* Oxford University Press.

補論

池田　真 × 奈須正裕

内容について考えることをしてこなかった英語授業

池田　目下における英語教育の焦点は読む・書く・聞く・話すという4技能をバランスよく育成すること，とりわけスピーキングの能力を伸ばすことにあります。上智大学が英検と共同開発してきたTEAPのようなテストも，まさにそこをねらっているわけで，現場の実践動向もその方向で推移するでしょう。

　しかし，スピーキングのテストに関するスペックは細かく公開されていますから，次第にそれへの受験対策的な対応も進んでくるに違いありません。

奈須　こういう時にはこう話すという膨大なパタン・プラクティスをこなすことによって，点数自体は取れちゃう可能性がある。

池田　そうなんです。すると，大学入試の面接試験なんかで紋切り型の，いかにも準備してきたという物言いをする生徒がいますが，あれと似たようなことが起きるのではないかと危惧しています。

　スピーキングを重視したところで，単なる形式的な技能に終始してしまうと，その意義は半減する。やはり，話す中身でありプロセスですね。仕入れた情報を自分の頭で考え，解釈し，意味付け，あるいは活用し，さらに他者とディスカッションする中で，そこに新たな価値を見出していく。そういった思考プロセスとの関連でスピーキングの技能を育てていくことが大事なんですが，そのあたりはまだまだ弱い。その意味で，コンピテンシー・ベイスという発想は，もう一段階先の英語教育にとって決定的に重要な視点だと思います。

奈須　2章でも話題になりましたが，基礎的な技能がまずないことには，英語を用いてのコミュニケーションとか思考なんかとても無理だと考えて，かなり先までそれらをやらせない。かくして，反復練習による形式的な技能習熟に終始してしまうという構造から脱せないという現状がある。

池田　英語教育に関わっている人の多くは，もっぱら英語それ自体に関心が強いですから，文法，発音，語彙，談話，それから4技能，それらを育成できれば，それで英語教育の役目は終わりだと思っている。だから，他教科連携型の取り組みやCLILのような実践の話をしても，「それは英語教育じゃない」「そ

んなことは他でやればいい」って言われることが多い。

奈須 語彙や技能だって，オーセンティックな文脈の中で，具体的な目的に向かって問題解決的に，したがって思考や解釈や，さらに他者とのリアルなコミュニケーションなりディスカッションを通す中で育成したものでないと，現実には生きて働かないんですけどね。

池田 そうなんです。How are you? と聞かれ I'm fine thank you. とは言えるんだけど，逆に言えば，それしか言えない。ごく簡単な個人的なことを尋ねられても，英語で返せない。深刻な問題です。

奈須 定型的なパタンを練習しすぎて，思考が狭く固まっているんだ。

池田 言語的なことばかりに意識が集中してしまって，内容的なことを考えられないんです。理由は明白で，そういう英語教育だった。

奈須 考えるということと，英語が結びついていないんですね。

池田 英語の時間には，生徒たちは内容について考えるということを一切していないですから。でも，これを続けていては，日本人の英語での発信力なんて高まりようがない。そこを根本から変えようというのが CLIL であり，その背後にある考え方こそがコンピテンシー・ベイスなんです。

「答えが1つに定まらないタスク」

奈須 英語の授業というと，エクササイズ，プラクティス，アクティビティといった表現がよく使われるように思うんだけど，どれも定型的な行動様式の反復練習といった色彩が強いですよね。

池田 そうなんです。だから，まずはタスク・ベイスな授業にすること。タスクというのは，内容があって，考えなきゃいけなくて，現実のものと結びついているというニュアンスなんですが，そういった学習活動を基盤に授業を組んでいくことが，改革の第一歩として不可欠だと思います。

　そして，さらにその先を考える時，問題になってくるのがタスクの質です。奈須先生は，コンピテンシー・ベイスの教育方法として「オーセンティックな学習」と「明示的な指導」の2つを挙げているんですが，さらに3つ目として，

「答えが1つに定まらないタスク」というのを加えてはどうかと考えました。

英語に限らず，伝統的な日本の教育はブルームの思考の6段階でいうと，低次な方からの3段階，知識の「暗記」，内容の「理解」，それらの別な状況への「応用」までに留まっている。これらの水準は lower-order thinking skills と呼ばれるもので，その特徴は「答えがある」学びであり思考だという点です。

これに対し，より高次な思考としての「分析」「統合」「評価」，いわゆる higher-order thinking skills は「答えがない」あるいは「答えが1つに定まらない」学びであり思考なんですね。自分の頭で考えたことを豊かに発信する能力を育成するためには，こちらを中心とした学習活動にしていく必要がある。

奈須 B問題とPISAの違いですね。B問題は暗記では解けない，思考を要すると言うけれど，ブルームでいうとそれは「応用」の水準。つまり，どこかに正解はあるわけで，解を探し当てることに意識が集中しがちです。

一方，PISAは答えが1つに定まらないような問題になっています。正解がないわけだから，問題状況を多角的に考え抜き，自分なりのオリジナルな思考・判断を行い，自分らしいレトリックで表現していくしかない。そんなPISA的な思考や表現ができるようになるためには，普段の授業の中でも「答えが1つに定まらないタスク」に挑戦させるのが得策というか不可欠なわけです。

池田 そうなんです。だから「オーセンティックな学習」「明示的な指導」「答えが1つに定まらないタスク」の3本立てで進めて行きたい。その方が，現場でのさまざまな工夫や取り組みも出てきやすいと思うんです。

説明を通して理由付けの能力を培う

奈須 留学した人がよく言うんですが，海外で自分の考えを披露した時，「それはお前の考えじゃない。ちゃんと自分の意見を話せ」って言われるそうです。本人は自分の意見を語っているつもりなんだけど，向こうの人たちの目には単なる引用，せいぜい誰かの意見に賛同するという表明にしか映らない。だから信用されないし，もちろん尊敬もされない。これも，学習課題の多くが「答えが1つに定まらないタスク」ではなかったことと関連がありそうです。

池田 オリジナリティがないということなんでしょうね。もちろん，完全にオリジナルのアイデアって難しいから，誰かの意見の引用もあっていいんだけど，その場合にも文言がそのままだったりするんだと思います。解釈の仕方や表現の方法，説明する時のロジックやレトリックがその人ならではのものになっているのもオリジナリティだし，その上にほんの少し，自分なりの見方や見解を上手にブレンドすると，説得力だってぐんと増してくる。日本はそこが弱いというか，価値を置いてこなかった。

奈須 学習や思考には常に正解があると考えると，解釈や表現もできるだけ元のまま，自分に引きつけたりして改変しない方がいいと思ってしまう。そうじゃなくて，答えが1つに定まらないと常に考える。すると，自分の頭で考え，自分の言葉で説明することに，おのずと意識が向かうようになる。やはり，最後はそういった知識観の問題なんでしょうね。

　さらに具体的に何ができるかということで言うと，これは他の教科でも繰り返し出たけれど，根拠を明確にして説明するという時に，エビデンスを示して，それで終わってしまう。本当は，そのエビデンスがどんな筋道で自分の主張に結びつくのか，その橋渡しをする理由付けがさらに必要で，そこにこそオリジナリティが発揮される余地があるんだけど，そういう点に教師の意識が向かっていないし，授業でもほとんどやられていないという問題がありました。

池田 ヨーロッパはもとより，最近は中国でも，授業の中で子どもの説明が長いし，教師もそれを求めています。説明というのは，エビデンスの提示もあるけれど，やはり中心は理由付けです。その合理性とか説得力，レトリックの見事さなんかも含めて大切にしているし，学力の中核を成すものだと，教師も生徒も考えている。理由ははっきりしていて，実社会に出ると，そここそが問われるからです。

奈須 「説明する算数」ががんばってはいるけれど，そのあたりはまだまだこれからですね。自分の言葉で語るとはどういうことなのか，教科を超えて考え，実践の具体で深めていく必要がありそうです。

あとがき

　本書は，コンピテンシー・ベイスの授業づくりについて，国・社・算（数）・理・英の5教科を中心に，協同で探究したプロセスを文章にしたものである。
　コンピテンシー・ベイスのカリキュラム構成は，今日的で本質的な課題である。考えるべき論点は多く，先はいまだよく見えていない。本書は，その見えないことを楽しみながら進めてきた第一歩の成果と言える。
　実際，第2章の協働討議は約6時間におよび，闊達で極めて刺激に満ちたものであった。学習の「プロセス」やそれをメタ的に捉え直すことの重要性を共有しつつ，各々の教科固有の「一般化」や「単純化」の在り方が問われた。その一方，教科の存在を前提にした議論は「妥協の産物」であるとその限界を見すえつつ，教育課程全体を視野に入れて教科の横の連携の可能性を議論した。
　今後は，より具体的な実践の地平を見すえて，この探究のプロセスを続けることになるだろう。たとえば，第4章（社会科）で述べたノルマントン号事件の授業構想で10月に授業を行った。イギリス人船長の禁固3カ月という判決を話し合うなかで，ある子どもは，「逆の立場で全員（ボートに）乗っている人が日本人で，海にいる人がイギリス人だったとして」という「多角的な見方」を示した。この考えを吟味し取り込んで次のような意見がでてきた。
　「日本人の船長さんだとしたら，船長さんも（海に）飛びこんで（ボートに）あげてあげればいいと思うから。（ボートにいるのが）日本人の船長さんでも，日本人もちょっとひどいと思うんじゃないか」「逆の立場で私がイギリス人でも，その命の大切さはかわらない」。
　それぞれの教科で，こうした子どもの学びの事実に根ざしながら，本書の探究のプロセスをさらに伸ばしていきたいと考えている。

編著者を代表して　　江間史明

■編者紹介

奈須正裕（なす・まさひろ）

　上智大学教授。1961年徳島県生まれ。徳島大学教育学部卒，東京大学大学院教育学研究科博士課程を単位取得退学，博士（教育学）。神奈川大学助教授，国立教育研究所教育方法研究室長などを経て現職。著書に，『答えなき時代を生き抜く子どもの育成』（共著，図書文化社），『知識基盤社会を生き抜く子どもを育てる（シリーズ新しい学びの潮流１）』（編著，ぎょうせい）など。

江間史明（えま・ふみあき）

　山形大学教授。1960年静岡県生まれ。早稲田大学教育学部卒，東京大学大学院教育学研究科博士課程を単位取得退学。近畿大学講師，山形大学助教授などを経て現職。著書に，『小学校社会 活用力を育てる授業』（編著，図書文化社），『教師として生きるということ（シリーズ新しい学びの潮流５）』（編著，ぎょうせい）など。

■著者紹介（執筆順　所属は2015年９月現在）

奈須　正裕　編者　第１章（総論）
鶴田　清司　都留文科大学教授　第３章（国語科）
江間　史明　編者　第４章（社会科）
齊藤　一弥　横浜市立羽沢小学校校長　第５章（算数・数学科）
丹沢　哲郎　静岡大学教授　第６章（理科）
池田　真　上智大学教授　第７章（英語科）

教科の本質から迫る
コンピテンシー・ベイスの授業づくり

2015年11月20日　初版第1刷発行　［検印省略］
2021年12月1日　初版第5刷発行

編　著　者	©奈須正裕・江間史明
発　行　人	福富　泉
発　行　所	株式会社　図書文化社

　　　　　〒112-0012　東京都文京区大塚1-4-15
　　　　　TEL：03-3943-2511　FAX：03-3943-2519
　　　　　振替　00160-7-67697
　　　　　http://www.toshobunka.co.jp/

装　　　幀　中濱健治
Ｄ　Ｔ　Ｐ　有限会社　美創
印刷・製本　株式会社　厚徳社

JCOPY〈出版者著作権管理機構　委託出版物〉
本書の無断複写は著作権法上での例外を除き禁じられています。
複写される場合は，そのつど事前に，出版者著作権管理機構
（電話 03-5244-5088，FAX 03-5244-5089，e-mail：info@jcopy.or.jp）
の許諾を得てください。
ISBN978-4-8100-5659-4 C3037
乱丁・落丁本の場合はお取り替えいたします。
定価はカバーに表示してあります。